家校合融
成人之美

徐正伟　夏勤　主编

图书在版编目(CIP)数据

家校合融　成人之美／徐正伟，夏勤主编．—苏州：苏州大学出版社，2022.4
 ISBN 978-7-5672-3912-8

Ⅰ.①家… Ⅱ.①徐… ②夏… Ⅲ.①高中－学校教育－合作－家庭教育－研究 Ⅳ.①G636

中国版本图书馆 CIP 数据核字(2022)第 050628 号

书　　　名：	家校合融　成人之美
主　　　编：	徐正伟　夏　勤
责 任 编 辑：	杨宇笛
装 帧 设 计：	刘　俊
出 版 发 行：	苏州大学出版社(Soochow University Press)
社　　　址：	苏州市十梓街 1 号　邮编：215006
印　　　装：	广东虎彩云印刷有限公司
网　　　址：	www.sudapress.com
邮　　　箱：	sdcbs@suda.edu.cn
邮 购 热 线：	0512-67480030
销 售 热 线：	0512-67481020
开　　　本：	700 mm×1 000 mm　1/16　印张：12　字数：203 千
版　　　次：	2022 年 4 第 1 版
印　　　次：	2022 年 4 月第 1 次印刷
书　　　号：	ISBN 978-7-5672-3912-8
定　　　价：	50.00 元

凡购本社图书发现印装错误，请与本社联系调换。服务热线：0512-67481020

《家校合融　成人之美》编写组

主　　编　徐正伟　夏　勤
编写人员　(排名不分先后)
　　　　　钱明坤　周　静　施　辉
　　　　　赵琳琳　诸葛烁程　潘书松
　　　　　张燕妮　许　昕　刘海云
　　　　　李　舒　蒋婵婵　朱　磊
　　　　　王雅婷　张晓俐　李　璇
　　　　　孙　干　张　露　张　弘
　　　　　杨晓雨　翁华怡　冯思远
　　　　　夏　勤　黎心泽　尹　之

做有温度的教育
（代序）

长期以来，西交大苏州附中的德育人一直有一个心愿，就是将校园内德育活动的若干片段汇集在一起。一方面是对学校德育工作进行一个阶段性的梳理和总结，供大家参考并进行反思；另一方面也可以为初上讲台的老师提供一些相对完整的启发性素材，供他们借鉴，让他们在教育管理工作中少走弯路，更好地成长。

两年前，学校省级品格提升项目"自在生长：知·慧·放家校合融共育课程的开发与实践"正式获批立项。大家兴奋之余，也在想为何不充分利用这次机会，将我们的长期心愿付诸行动呢？于是，在德育处的带领下，一群德育小伙伴就开始辛勤地收集整理。如今，25篇独立成文的教育案例终于可以呈现给大家了。

如果你是一名家长，正在为上高中的子女的教育问题发愁，翻开书本，第一部分"慧心家长篇"会让你茅塞顿开、豁然开朗。这部分涉及的内容有亲子沟通、生涯规划、时间管理、挫折教育、同学交往和父母角色定位等家长们关心的不同话题。你的教育困惑也许在这里能找到答案，从中你也会学到如何做一个智慧型的家长，陪伴孩子度过他们美好的中学时光。

如果你是刚刚走上班主任岗位的年轻教师，当你面对教室里个头比你高、嗓门比你大的调皮男生，是不是非常忐忑？刚刚接手一个新的班级，如何将班级管理得井井有条？快来读一读"知心教师篇"。看看那些参加过大市级班主任基本功竞赛的前辈们的管理妙招。前辈们的倾囊相授会让你醍醐灌顶、耳目一新。如何增强班级同学的凝聚力？如何与家长沟通交流？怎样开好主题班会课？每个话题都是热点和焦点，这些一线优秀班主任从实践中总结的管理"干货",让你信心满满、轻松搞定班级管理中的各种难题。

如果你是一名向往西交大苏州附中的初中生,想了解丰富多彩的高中校园生活,那一定不要错过"放心学生篇"。这个部分将学校的各类学生活动做了详尽的介绍,校园五大节日(融健体育节、融心心理节、融韵艺术节、融会阅读节和融创科技节)全景展示;学校特色品牌德育活动"十八岁成人仪式""丝绸研学"等也悉数登场。内容丰富、形式各异的校园活动肯定会让你心驰神往、大开眼界。

德育工作的关键是"走心",只要真正走进师生的内心,一切问题就能迎刃而解。本书中的话题大多来自教育一线的真实案例,记录的内容很多都是发生在大家身边的故事。这些案例生动形象、方案翔实,甚至收录了课堂实录、活动方案原稿。它们涉及学校德育工作的各个方面,非常具有可借鉴性和可操作性。可以说,这些素材是西交大苏州附中德育人的一份情感浓缩,也是西交大苏州附中长期德育工作实践的一个缩影。

参与编写本书的老师都来自学校教育管理一线。有的担任班主任多年,有的专门从事学校心理教育工作,还有的是热爱德育研究的年轻骨干。他们各有所长,关爱学生,勤于钻研,展现了西交大苏州附中德育人特有的团队力量和奉献精神。书稿虽然经过多次讨论修改,但是由于时间仓促,还有不足之处,也请读者多提宝贵意见。

德育是学校教育中一个永恒的话题。我们希望这本书能为大家展示一个探视高中德育工作的不同视角;更希望它像一朵小小的浪花,启发读者对未来高中德育工作做进一步思考。

品读此书,让我们一起走进西交大苏州附中,感受西交大苏州附中有温度的德育,做一个有情怀的教育人!

《家校合融　成人之美》编写组

目录
CONTENTS

一、慧心家长篇

爱要怎么说出口 …………………………………… (3)

养不教,父之过 …………………………………… (8)

最"好"的奖与最"坏"的罚 ……………………… (15)

找到"时间密钥" ………………………………… (22)

不经历风雨,怎能见彩虹 ………………………… (29)

爱的困惑 ………………………………………… (36)

手机有"毒"? …………………………………… (43)

劳动臻善品质,躬行铸就人格 …………………… (50)

半亩方塘一鉴开 ………………………………… (57)

爸爸不缺席 ……………………………………… (63)

二、知心教师篇

分享,互助,成长 ………………………………… (71)

评语:与学生对话的智慧 ………………………… (78)

言而有度,爱而不宠 ……………………………… (85)

同舟共济,博采众长 ……………………………… (92)

沟通的技巧 ……………………………………… (99)

班会课中的奇思妙想 …………………………… (106)

三、放心学生篇

赓续百年新时代,融健乐体致青春 …………………………………… (115)
心成长,心动力 …………………………………………………………… (127)
艺术谱写初心,唱响时代未来 …………………………………………… (133)
在阅读中成长,在环境中绽放 …………………………………………… (145)
用创新点缀人生,让科技融入理想 ……………………………………… (151)
十八而志,责任以行 ……………………………………………………… (158)
融享自然 …………………………………………………………………… (166)
行走中的文化理解 ………………………………………………………… (174)
鲜衣怒马少年时,不负韶华行且知 ……………………………………… (181)

一、慧心

家长篇

爱要怎么说出口

——家长沙龙之亲子沟通的困境与策略

一、活动背景

随着"互联网+"时代的到来，人们获取信息、表达自我、沟通交流的渠道不断拓展，而思维活跃、对新媒体技术具有敏锐感知力的高中生，更是如鱼得水，各种媒体平台都成为他们与世界对话的窗口。然而，另一方面，在亲子沟通中，不论是高中生还是他们的家长，都感到力不从心：学生认为家长不理解自己，家长觉得孩子这么大了还不懂事，沟通越来越难。其中的原因值得深究，亲子之间不同的成长环境、教育背景固然是客观存在的因素，而彼此间期待不对等、沟通方式不当和技巧缺乏等问题也应该引起重视。良好的亲子沟通对于学生学习状态、个性塑造、品格养成甚至未来的事业发展都至关重要。因此，在家长沙龙活动中设计这样一个主题活动，有针对性地教给家长一些亲子沟通的方法和技巧，改变他们的认知，促进亲子关系的和谐发展，这也是学校心理健康教育的重要部分。

二、活动目标

（1）使家长知道良好的亲子沟通能建立良好的亲子关系，促进孩子的身心健康。

（2）使家长在活动中感知亲子沟通的重要性和价值。

（3）使家长了解亲子沟通的错误方式，学习良好沟通的技巧和策略。

三、活动准备

收集亲子沟通困难的典型案例，制作PPT，拍摄学生关于亲子沟通问题的小视频。

四、活动过程

（一）导入

教师：各位家长，父母之爱永远最深沉、最博大、最无私，这一点毋庸置疑。然而，随着孩子的成长，很多父母发现，原来那个总是缠着自己的孩子长大了，开始独立自主，父母们一方面感到欣慰，另一方面却感到失落。孩子不再什么事都和父母分享了，甚至有时候，越想走进孩子的内心就越感觉到孩子的抗拒，亲子沟通走向僵局。其实，亲子沟通是一门学问，这里面有很多策略，今天我们就通过这个活动来学习：爱要怎么来表达。

（二）情境再现

暑假第一天，小明拿着篮球，对妈妈说："妈妈，我去打篮球了。"妈妈说："你今天作业完成了吗？你不是说这个暑假要好好在家学习吗？只想着打球，怎么提高成绩？你忘了期末考试英语成绩有多差？马上要上高三了，你怎么总不让人省心呢？"小明生气地扔了篮球，转身回到房间，砰的一声关上了房门。

家长分组讨论：面对小明的招呼，这位妈妈的回应是否妥当？你平时也会这么做吗？为什么？

家长1：看了这个案例代入感很强，如果我是小明，我也会很生气。暑假第一天打篮球其实很正常，体育锻炼有益身体健康，更有益于放松心情。

家长2：我要反思，其实很多时候，我就是小明妈妈，过分焦虑，急于求成，怀疑孩子的能力，总想让孩子按照我们的方式来学习和生活。

家长3：跳出来看，小明妈妈不应该用反问句，反问句让人听了很不舒服。以后我也要改改。

教师小结：家长们说得都很好，理解和信任是沟通的基础。面对高考的压力，小明妈妈的焦虑化成了指责，并且由一件小事牵扯到学习态度和过往的学习成绩，这是沟通的大忌。另外，在沟通效果中有个"7—38—55"原则，在沟通中，文字起到的作用只占7%，语音和语调占38%，而肢体动作占55%。所以，我们在沟通中要保持情绪和语气的平和冷静，就事论事，避免使用反问句，避免用"不能""总是""经常"之类的词语，要多用正向的话语。

（三）倾听心声

其实面对亲子沟通的问题，孩子们也有很多的心里话要说，请家长们听听他们的心声。

播放小视频：

学生1：我成绩不太好，但是运动细胞很发达。运动会上我一个人的得分是班级总分的一半，我和爸妈说起这事的时候，他们却说，为什么不把精力放在学习上呢？成绩好才能考上好大学。为什么他们总看不到我的长处呢？

学生2：我快18岁了，但爸妈还把我当小孩，担心我上当受骗。有一次我告诉他们，我和朋友约了周末看电影，他们不放心，还跟踪我，害我被朋友笑话。看来，以后我去哪不能告诉他们。

学生3：在学校里学习了一天很累了，下了晚自习回到家就想轻松一会儿，吃着妈妈准备的夜宵，和爸妈聊聊天，感觉很温馨。可是，每次我没说几句话，他们就催我早点睡觉，不要睡晚了影响第二天的学习状态。你看，多没劲！

家长讨论、分享。

教师小结：听了三个孩子的心声，我们发现，其实孩子很希望和父母沟通，希望得到父母的信任、理解和支持，而沟通的基础就是倾听。这一点其实刚才家长们也发现了，但是在实际生活中为什么常常做不到呢？原因在于家长不认同、不接纳孩子的感受，而习惯于居高临下地做评价、下命令。所以，有效的亲子沟通一定要站在孩子的角度来看问题，学会换位思考，和孩子同频共振。

（四）亲子沟通的技巧

马歇尔·卢森堡在他的《非暴力沟通》一书中提出，非暴力沟通模式有四个要素：要留意发生了什么，清楚地表达观察结果而不进行判断，表达自己的感受，说出是什么原因使自己产生这样的感受，说清楚自己的诉求是什么。这四个要素在亲子沟通中尤为重要，它提醒家长理智地看待事实，平和地表达感受，说出期待，达到良性沟通的目的。

下面，我们请A、B两位家长来模拟场景，试着在比较中学习非暴力沟通的技巧。

场景：当家长走进孩子的房间，发现本该在做作业的孩子戴着耳机在听音乐，身体还随着音乐有节奏地摆动，桌上摆着刚开始动笔的作业。

第一步：

A：你在听音乐。

B：你又不学习。

区别：A在客观表达观察到的结果，比较理性。B说的"不学习"是观察结果，但"又"是评价，带有主观性。

第二步：

A：我有点着急。

B：我很生气。

区别：A在观察之后，表达了自己的感受。和B相比，A很好地使用了示弱的策略，更有可能得到对方的回应而不是使对方抗拒，有利于沟通的深入。在亲子沟通中，父母要学会适当地示弱。

第三步：

A：我想，等你做完作业再放松更好。

B：你这样是浪费时间，怎么按时完成作业？

区别：B明显带有批评和指责的语气，这虽然也是在表达感受，但往往会引起申辩或反击。A直接说出自己的想法，又兼顾了孩子的需要，更可能得到积极的回应。

第四步：

A：我希望你能在预定的时间里完成作业。

B：我希望你能对自己负责。

区别：A明确地说出了自己的请求，希望对方接受，达到有效沟通的目的。B说的"对自己负责"含义模糊，并不能清楚地让对方了解具体的诉求，那么也很难达到沟通的目的。

教师小结：在以上两种沟通模式的对比中，我们很容易发现"非暴力沟通"的好处。良好的沟通就是充分表达、倾听，最终达成双方都相对满意的共识。作为家长，想要在沟通中改变孩子的态度，首先要学会改变自己。要认识到孩子是独立的个体，不是自己的附属品。要避免说教、命令、指责、怀疑、讽刺、贬低等态度；此外，家长们也要做独立的个体，而不是为了孩子过度牺牲，更不要在孩子面前说"都是为了你"之类的话，在亲子关系中，委屈只能制造委屈，而快乐才能传递快乐。

五、活动延伸

课后任务：请家长们尝试用今天学到的沟通技巧和孩子聊天，场景内容不限，要求气氛和谐，沟通流畅。沟通时长在5分钟以上者合格，10分钟以上者良好，15分钟以上者优秀，请家长们自评。今后请家长们在和孩子沟通时有意识地改变，不断练习调整，期待今天的沟通技巧能帮助家长们重建亲子间的和谐关系。

六、活动总结

心理学家李子勋说：教育孩子之难，难在父母自己是否人格完整，是否乐于宽容与变通。一流的父母做榜样，在亲子沟通中也是如此。言传不如身教，家长如果能认识到自己的不足，勇于改变，那么孩子也会改变。所以，这次的家长沙龙活动设计了具体的情境和对话，让家长从旁观者的角度审视问题，推己及人，从而真正反思自己在亲子沟通中的错误做法，并在情境中学会有效沟通的技巧和方法，倾听孩子的心声，鼓励孩子、支持孩子，建立起亲密的亲子关系，使家庭氛围更加轻松和谐，在教育孩子时达到事半功倍的效果。当然，知道并不一定能做到，在活动中，很多家长代入体验，不断自我审视，改变认知，但也表示在实践中可能很难真正做到。知易行难，任重道远，这也许就是学校坚持举办"家长沙龙"活动的意义。

本次家长沙龙活动推荐阅读书目

阿黛尔·法伯、伊莱恩·玛兹丽施《如何说孩子才会听，怎么听孩子才肯说》

马歇尔·卢森堡《非暴力沟通》

养不教,父之过
——家长沙龙之父母教养方式探讨

一、活动背景

父母教养方式是父母在日常养育子女的过程中所表现出来的行为倾向,反映了父母的教育理念,具有相对的稳定性。青少年阶段是产生抑郁、焦虑和攻击性行为的易感期。青少年的世界观、行为方式建立在他们与父母的互动经验之上,不当的观念与行为的产生,与父母长期以来的教养方式不无关系。良好的教养方式可以让孩子树立明确的人生目标,有正确的价值观。良好的教养方式容易培养高质量的亲子关系,这种关系也会对孩子同伴关系的建立等产生积极的影响。因此,为人父母,必须学习并实践正确的教养方式,从而减少甚至杜绝孩子焦虑、自闭、抑郁乃至自杀等问题的产生,为孩子的健康成长提供有力的环境支持。

二、活动目标

(1)使家长了解父母教养方式常见的类型。
(2)帮助家长评估并反思自身的教养方式。
(3)帮助家长确定优化自己的教养方式的方向,并尝试落实到教养实践中去。

三、活动准备

(1)制作PPT。
(2)对学生开展问卷调查(表1-1)。

表 1-1 父母教养方式测评简表

教养方式	选项
（1）我觉得父母允许我尝试自己喜欢的事情。	是（ ）否（ ）
（2）我能感觉到父母对我的喜爱。	是（ ）否（ ）
（3）即使是很大的过失，父母也不会惩罚我。	是（ ）否（ ）
（4）我觉得父母允许我对某些事物有独到的见解。	是（ ）否（ ）
（5）父母不曾当着别人的面打我或训斥我。	是（ ）否（ ）
（6）父母从不会在我不知道原因的情况下对我大发脾气。	是（ ）否（ ）
（7）父母常常关注我交什么样的朋友。	是（ ）否（ ）
（8）每当吃饭时，父母不会劝我或强迫我多吃。	是（ ）否（ ）
（9）当我感到伤心的时候，可以从父母那儿得到安慰。	是（ ）否（ ）
（10）父母常常会参与我的业余爱好活动。	是（ ）否（ ）

请孩子根据自己的情况，在上表的括号里打钩。问卷调查在沙龙举办前完成。

四、活动过程

（一）导入

孩子的成长是一个复杂的过程，一方面，孩子在某个人生阶段的成长情况受其自身禀赋的影响；另一方面，家庭对个体的发展起着极为重要的作用。今天，我们就一起来探讨父母的教养方式这个话题。

（二）父母教养方式知多少

美国加利福尼亚大学教授、心理学家鲍姆林德曾经进行了长达10年的研究，从要求性（命令/控制）、反应性（接纳/反应）这两个维度，把父母的教养方式分为四种（图1-1）。

图 1-1 父母的教养方式（一）

（1）"权威型"父母，即"高要求、高反应"型。此类父母对孩子的要求相对较"高"且"严"。有明确合理的要求，会为孩子设立一定的行为目标，会对孩子不合理的任性行为做出适当的限制并督促孩子努力达到目标；同时，他们并不缺乏父母应该有的温情，能主动关爱孩子，耐心地倾听孩子的述说，而且能晓之以理、动之以情，激励孩子自我成长。这类父母施行"理性、严格、民主、关爱和耐心"的教养方式。在这样的教导之下，孩子会慢慢养成自信、独立、积极乐观、善于合作、善于社交等良好的性格品质。

（2）"专制型"父母，即"高要求、低反应"型。这类父母会拿自己的标准来要求孩子，而没有意识到过高的要求对孩子的个性是一种变相的扼杀；他们不能接受孩子的反馈，对孩子缺乏热情和关爱，要求孩子无条件服从，不能及时鼓励和表扬孩子。在这种"专制"下，孩子容易形成对抗、自卑、焦虑、退缩、依赖等不良的性格特征。

（3）"溺爱型"父母，即"低要求、高反应"型。因父母溺爱而有了今天的"小皇帝""小公主""熊孩子"，这类父母对孩子充满了无尽的期望和爱，无条件地满足孩子的要求，但他们很少对孩子提出要求。这些孩子会随着年龄的增长，变得依赖、任性、冲动、幼稚、自私，做事没有恒心、耐心。

（4）"忽视型"父母，即"低要求、低反应"型。这类父母不关心孩子的成长，他们不会对孩子提出要求或给孩子制定行为标准，对孩子冷漠，缺少教育和关爱。这类孩子自控能力差，对一切都采取消极的态度，甚至还会有其他的不良心理特征。

另外，华东师范大学心理与认知科学学院教授邓赐平从情感投入和控制程度两个维度把父母的教养方式分为四种类型（图1-2）。

图1-2 父母的教养方式（二）

（三）父母教养方式自评与自思

结合以上对教养方式的分类情况的学习，请在座各位家长思考以下3个问题。

（1）父母教养方式自评：请父母在简表（表1-2）右侧的括号内打钩。

表1-2 父母教养方式测评简表（由父母完成）

教养方式	选项
（1）我允许孩子尝试做他自己喜欢的事情。	是（　）否（　）
（2）我常常能表达对孩子的喜爱、鼓励和赞美。	是（　）否（　）
（3）即使是很大的过失，我也不会惩罚孩子。	是（　）否（　）
（4）我承认孩子是独一无二的，允许他对某些事物有独到的见解。	是（　）否（　）
（5）我不曾当着别人的面打骂或训斥孩子。	是（　）否（　）
（6）我从不会在孩子不知道原因的情况下对他大发脾气。	是（　）否（　）
（7）我常常关注孩子在交什么样的朋友。	是（　）否（　）
（8）每当吃饭时，我不会劝孩子或强迫孩子多吃。	是（　）否（　）
（9）孩子感到伤心的时候，会跟我倾诉，并得到安慰。	是（　）否（　）
（10）我常常参与孩子的业余爱好活动。	是（　）否（　）

（2）把孩子填写的测评表发给家长，请家长们谈感想。

家长1：我的孩子回答"是"的比较多，感谢他对我们的教养方式的肯定。

家长2：我的孩子回答"是"的也比较多，这大概跟我家在教育过程中的开放性和平等性有关，同时说明我们对他也具有一定的影响力。

家长3：我的自评与孩子测评之间差异比较大，这样的差异让我震惊，也促使我思考，我有可能一直高高在上，自以为是，对孩子缺少同理心。

教师小结：这个环节有助于父母在了解教养方式分类的基础上评估自己的教养方式和水平，便于其及时调整不良的做法。如果父母与子女对教养方式的评价一致，评价较高，父母也可以获得更强的成就感。

（四）辨析：深度理解不同教养方式的利弊

请从以下三个话题中任选一个，说说你的想法。

话题一：中国自古以来就有"不打不成人""棍棒底下出孝子"的说法，你是否赞同？说明理由。

家长4：打孩子是一种体罚行为，可以说有百害而无一利。体罚，会降低孩子的情绪安全水平，导致孩子焦虑、生气，从而无法控制自己的冲动行为，甚至开始攻击他人、违反纪律。

家长5：这样孩子会更依赖外界的力量来调控自身的行为，缺少自我控制的能力。

家长6：体罚，也表现出父母自身控制能力低下的情况，这种行为容易被孩子模仿。

家长7：这些虽然是中国的古话，但也是糟粕，应舍弃。

教师小结：家长要让孩子适度地发泄情绪，不要积压，同时家长自己也要学会情绪控制。家长控制好自己的情绪对于孩子来说就是情绪管理的最好示范。

话题二：2011年初，有位美籍华裔母亲出版了一部自传式作品《虎妈战歌》，一夜之间，这个华裔"虎妈"火遍了全美。《虎妈战歌》这本书连续数月位居美国畅销书榜首，吸引了几十家外媒的跟踪报道。"虎妈"本人还登上了《时代》杂志封面，引得无数专家为她的教育模式争论不休。而"虎妈"之所以能引发巨大关注，是因为她的严厉，让不少习惯于管束孩子的中国父母看到后也深感汗颜，更不用提美国父母。"虎妈"的丈夫常常对这种教育方式感到费解。可每当他开口劝说，就会被妻子反驳："你有更好的方法吗？没有，就请配合我。"对此，家长们更赞成谁的做法？请各抒己见。

家长8："虎妈"式的严格教养特别有利于家庭权威的建立，但可能会压抑孩子的个性，而且过多地管教孩子，有可能会剥夺孩子自我成长的机会。

家长9：具体运用哪一种教养方式，也要根据孩子自身的性格特点来选择。中国的家长喜欢学习他人教育孩子的方式，照搬照抄；西方的家长更多的是根据自己孩子的特点，探寻适合孩子的教养方式。

家长10：可以追踪"虎妈"的两个女儿的现状，在此基础上做进一步的探究和评价。

话题三：有句话叫"没有惩罚的教育是不完整的教育"，对此，父母的观点是什么？请结合教养经历谈一谈。

家长11：此言有一定的道理。当一个孩子犯了错，他就应该受到一定的惩罚。惩罚的目的是让孩子知道要为自己的过失负起责任。没有惩罚的教育是不完整的，没有惩罚的教育是一种虚弱的教育、脆弱的教育、不负责任的教育。

家长12：惩罚绝不等于体罚，更不是伤害，不是心理虐待、歧视，让孩子觉得难堪，打击孩子的自信心。惩罚是把双刃剑，是一种危险的、高难度的教育技巧，弄不好会伤害到孩子。

教师小结：惩罚与赞美、鼓励在本质上是不冲突、不矛盾的，他们都是促进孩子可持续健康发展的手段。关键是，一定要让孩子知道他被惩罚的原因，惩罚不是报复，而是为了避免孩子再犯同类的错误，并让他们学会承担责任。

案例分析：孩子出生后，父母把孩子交给爷爷奶奶管；上学了，父母把孩子交给学校老师管。请问这属于哪一种教养方式，你是如何看待这种教养方式的？

家长13：这是典型的父母忽视，父母忽视包括情感忽视、教育忽视、身体忽视等。被父母忽视的孩子还会产生低自尊感和低希望感。

家长14：自尊，就是指承认自己、悦纳自己、认同自己。希望是人类战胜心理适应性问题的有力武器，是一种积极的心理品质。自尊感和希望感低的孩子容易缺乏对生活的掌控力，也容易产生自杀倾向。所以父母应该承担起养育孩子的责任。

（五）未来教养方式大畅想

今天我们了解了常见教养方式的分类，也让各位家长进一步对照并反思了自己的教养方式，那么，以后在跟孩子的相处中，会有哪些地方需要我们注意呢？欢迎各位畅所欲言。

家长15：以身作则，坚持基本原则，严格要求自己，注意自己的言行。

家长16：倡导共同教养，对孩子的要求要采取一致的态度，形成既分工又合作的教养同盟，不可一个唱黑脸一个唱白脸，消耗教养资源。

家长17：根据孩子的实际情况，提出合理的目标和要求，并且协助孩子达成目标。要从人本主义的观念出发，倡导无条件的爱，不管孩子在某些方面是失败还是成功都要以同样的目光看待孩子，不可以成喜、以败悲。

家长18：以良好的心态和情绪面对孩子，善于倾听孩子的心声，对孩子的要求及时地做出反馈，避免"权威"变成"专制"。

教师小结：教养方式的背后，是父母意识的觉醒，包括父母的角色意识、责任意识和教养意识，所以要想运用理想的教养方式，关键还是树立正确的养育理念，提高对孩子的认识水平，对孩子生理、情感、认知、社

家校合融 成人之美

会交往方面的发展有足够的认识,提升自己的亲职能力,尤其是共情能力和沟通能力。

五、活动总结

家庭教养方式是父母在对孩子的长期教育过程中形成的一种稳定的行为方式,是教育理念和教育行为的有机结合,每个孩子身上都留有家庭教养方式的烙印,这种烙印甚至会影响孩子的一生,从这个角度看,寻求正确的教养方式,摒弃错误的教养方式,是一件十分迫切而重要的事情。以正确的教养方式教育孩子,也是家长爱的体现。这个世界上所有的爱以聚合为目的,只有一种爱以分离为目的,那就是父母对孩子的爱。父母真正成功的爱,就是让孩子尽早作为一个独立的个体,从父母的生命中分离出去。而这一切,离不开正确的教养方式。我们每一个家庭的经济社会地位有差异,但这不妨碍我们寻求更好的教养方式。说到底,父母的责任心、情感温暖是教养方式的核心成分。让我们思考并完善教养方式,让爱以最好的方式传递到孩子的心间。

做父母,是需要我们一生孜孜以求的事业,随着《家庭教育促进法》的颁布,我们也逐渐认识到孩子是国家的财富,愿我们以最好的教养方式,为国家培养出健康、向上的建设者!

最"好"的奖与最"坏"的罚

——家长沙龙之亲子沟通的困境与策略

一、活动背景

随着中国经济的不断发展,中国大部分地区的家庭已经步入中产阶层,而处于经济发展前沿的苏州,更是如此。在此背景下出生的孩子,可以享受更多更好的教育资源。不止如此,互联网和智能设备的发展,使学生们获取信息、表达自我、沟通交流的渠道不断拓展,尤其是刚进入青年阶段的高中生,他们认为自己已经长大,不再是小孩子,各种媒体平台都成了他们与世界对话的窗口,他们开始寻求认同,不再迷信权威。面对这样的学生,家长与教师自然无法采用粗暴的方法对其进行教育,否则只会适得其反。

"教无定法,因材施教,因人施法,因事施教"恐怕才是解决此类问题的关键。家长与教师对待学生的态度及方法,对于学生学习状态、个性塑造、品格养成,甚至未来的事业发展都有至关重要的作用。因此,在家长沙龙活动中设计这样一个主题活动,有针对性地教给家长一些管教孩子的方法和技巧,改变家长的认知,帮助家长促进亲子关系的和谐发展,这也是学校心理健康教育的重要部分。

二、活动目标

(1)认知目标:让家长知道恩威并施可以有效地教育孩子,有益于孩子的身心健康。

(2)情感目标:让家长在活动中了解教育方法的重要性和价值。

(3)行为目标:让家长了解管教学生的错误方式,学习表扬与惩戒的技巧和策略。

三、活动准备

收集家长管教孩子困难的典型案例，制作PPT，拍摄小视频，记录学生面对表扬与惩戒时，内心的真实想法。

四、活动过程

（一）导入

教师：各位家长，大家有没有看过《虎妈猫爸》《小别离》《小欢喜》这几部电视剧呢？这几部电视剧可以说再现了我们当下的一些家长的教育方法，这里面的父母，往往是母亲"唱黑脸"，永远不满意，永远在鞭策，永远用惩戒的方式督促孩子进步，而父亲则走向另一个极端——溺爱孩子，电视剧很巧妙地把我们当下的一些问题演绎出来。表扬和惩罚，是我们教育孩子常用的两种方式，但是大家有没有思考过，什么样的表扬和惩罚才是恰当有效并且能发挥正向效果的呢？

（二）情境再现

周末晚上，小郑妈妈接到学校老师电话，老师说："小郑妈妈你好，这次月考成绩刚才发到你的微信上了，这次考试小郑数学有进步，值得鼓励。"小郑妈妈："这孩子还是得收拾，才考50分，天天不知道学习，老师您揍他都行。"老师还想说点什么，但是电话已经被挂断。电话结束之后，小郑妈妈叫来小郑，一脸严肃地批评道："你什么时候能上点心？数学每次都考这么少，每次考试老师都给我打电话，我的脸都被你丢尽了。"小郑："我这次已经比上次多了6分了，你还要我怎么样？我尽力了，要不你直接弄死我吧！"说完小郑直接转身进卧室！

家长分组讨论：面对小郑同学的情况，这位妈妈的反应是否妥当？你平时也会这么做吗？为什么？

家长1：看了这个案例代入感很强，如果我是小郑妈妈，我也会很生气，数学考这么点分，还有脸闹脾气，人家同班课代表都能考满分，考人家个零头，有什么可骄傲的？

家长2：我要反思，其实很多时候，我就是小郑妈妈，看到成绩就过分焦虑，急于求成，怀疑孩子的能力，总觉得孩子没有尽力，糊弄事儿。

家长3：小郑妈妈的做法其实是不对的，站在孩子的角度看，也许小郑真的尽力了呢。我觉得小郑妈妈应该接受老师的建议，对孩子给予适当鼓励，而不是一味批评。

教师小结：家长们都说得很好，其实高中的学习不同于初中、小学的学习，高中的知识难度高，学习强度大，难免会出现类似小郑同学这样的情况。我非常理解家长看到分数之后的心情，但是有一位家长已经提到，应该听取老师的建议，孩子是需要鼓励的，要及时表扬，及时鼓励。大家都很讨厌孩子玩游戏吧？那大家有没有想过，为什么游戏这么吸引孩子呢？我们要思考一下，游戏玩起来要赢也是一件很困难的事情，但是孩子们为什么乐此不疲呢？我们能不能从中得到启发呢？

家长1：谁不爱玩游戏啊？只要不提学习，他样样都行，就应该取缔所有的游戏。

家长2：老师这么讲，肯定有其中的道理，您是不是想说，他们能够从游戏中获得成就感呢？

家长3：我觉得是因为他们对游戏更加感兴趣，所以才会这么沉迷，就如同有的人喜欢唱歌，有的人喜欢赌博。

教师：这几位家长所说的都有道理，但这不是最核心的原因。孩子们喜欢玩游戏，其中一个很重要的原因是游戏背后的机制——奖惩制度。心理学家研究发现，游戏中的奖惩制度会让用户着迷。我们都知道，在玩游戏的过程中，每当完成一个任务，系统就会及时地给予奖励，还伴随着语音提示；如果失败了，系统会有相应的惩罚，如减少机会，减少积分，等等。所以及时地表扬或惩戒是管理学生很重要的策略。当孩子犯错误时，要及时给予惩戒，这便是"负强化"；当他取得一些成绩的时候，要及时给予肯定和表扬，他才能获得成就感。我们不能简单粗暴地处理所有问题，要关注孩子的心理需求到底是什么。

（三）倾听心声

其实面对这样的问题，孩子们也有很多心里话要说，请家长们听听他们的心声。

播放小视频：

学生1：我成绩不大好，但是我努力了啊，父母都认为我不努力，觉得我努力的结果不应该是这个样子的，他们越这么说，我就越反感，他们爱怎么说就怎么说吧，他们除了天天骂我，也没别的本事了。

学生2：其实我还是挺希望他们夸夸我的，自从我上了高中，成绩不如初中时好，我就再也没见过他们的笑脸。

学生3：有时候知道自己做错事，心里忐忑不安，但是并没有产生我想象的后果，觉得挺庆幸的吧。（采访者：那你知道家长和老师应该会知道是你做的吧？）无所谓啦，反正都过去了。哈哈哈！

家长讨论，分享。

教师小结：听了三个孩子的心声，我们发现，其实孩子很希望得到家长的认可和表扬。但同时我们也看到，孩子犯错时，如果不及时给予惩戒，很可能会助长孩子的侥幸心理，甚至使他们认为，犯错是不需要付出代价的。所以家长们一定要重视起来，该表扬的时候，不要吝啬自己的溢美之词；该惩罚的时候，也不要心疼。

（四）表扬与惩戒的技巧

首先，我们应该及时地反馈信息。其次，根据信息的不同，给予不同的反馈，及时表扬与惩戒。这里要注意，惩戒，不一定是暴力惩罚，不要望文生义。惩戒的目的是让孩子明白，做错事情是要付出代价的。

下面，我们请A、B两位家长来模拟小郑与妈妈对话的场景，试着在比较中学习表扬与惩戒的技巧。

场景一：小郑妈妈放下电话后，去到小郑的房间里，而小郑正在对着数学卷子发呆……

第一步：

A：出成绩了？

B：听说你数学进步了？

区别：A在客观表达观察到的结果，比较理性，甚至带有一丝的不满——出成绩为什么不汇报？B"进步"的说法可以缓和对话气氛，有利于进一步沟通。

第二步：

A：考了多少分？怎么不敢说？

B：你老师打电话告诉我你数学进步了，比上次考得好。

区别：A依然是质问的态度，对话效果可想而知。B则减少了孩子的恐惧和反感，使对话得以在融洽的氛围当中进行下去。

第三步：

A：数学考这么点分，也不知道你天天在干吗，手机、平板还是收了吧，省得耽误你学习，把心思放到学习上。

B：真的是比上次多了6分，很好，只要保持进步就行，说明努力是有效果的。作业写完的话，我可以奖励你玩一玩游戏，但是不能玩得太晚哟。

区别：A是典型的惩戒，效果会很差，明明取得了进步，却受到了惩罚，这会让孩子心里不舒服。B则是鼓励表扬，因为数学很差，已经让孩子很难过，他通过努力有了进步，自然想让家长看到自己努力的成果，所以正向的反馈会更好。

教师：下面请家长结合案例谈谈对漫画（图1-3）的看法。

图1-3 漫画《巴掌与吻》

家长1：我想起来我孩子曾经问我一道高考题。我查了很多解法，有一种我认可。后来我和儿子沟通，他也认同我的想法，从那以后我们的关系变得更融洽了。看到这个案例，就发现我们自己往往将成绩与表扬和奖惩联系起来，可这样对待孩子真的是恰当的吗？我认为这并不可取。考卷上的几分浮动，就换来巴掌与吻，这是一种不恰当的做法。

家长2：仅从表面上看，母亲对从满分降到98分的退步的孩子满是责备，而对虽然一开始不及格，但后来进步的孩子很满意，是不是说明这位母亲认为只有成绩上升才是值得肯定的？在这幅漫画中，仅仅是分数上的一点变化，便使家长做出截然不同的反应，这种现象需要反思。

家长3：紧紧盯着分数，视分数升降为表扬和惩罚的标准，满分得吻、98分得巴掌，这一举动是不可取的。当家长并不在乎分数所反映的知识掌握情况时，也就不在意"98分已经很接近满分"这一事实，也辨不清无论55分还是61分都说明孩子学习状况不佳。我们不应该这样做。

家长4：特拉维斯有一个"冠军理论"就是面对逆境，要把一切置之度外，无论如何都要取胜，这就是成为冠军的意义，这样的"冠军思维"反映了一种努力拼搏、执着前进的人生态度。不可否认，它在许多人身处困境、低谷时给予他们有效的指引，但在这样一个竞争激烈的社会中，人人都会成为第一名吗？父母在家中，不是要紧盯着卷面分数、学校排名，而是要睁大眼睛多找孩子的优缺点，共同帮助孩子进步，进步有表扬，犯错有惩罚。这才叫"尽父母之德，行仁义之事"。

教师小结：家长说得很好，我们不能仅停留在表面，而是应该以此为契机，恰当地对孩子进行表扬与惩罚，帮助他们提升综合素质。得到过奖励的人才会知道奖励有多美好，而会更期盼通过努力得到更多奖励。三毛有诗言："种桃种李种春风。"愿父母种下的种子，在春风之下，破土而出，茁壮成长。

场景二：小郑在学校扰乱课堂秩序，并且顶撞老师，小郑妈妈被班主任请到学校，班主任要对小郑进行惩罚。

第一步：

A：他就是活泼了点，没有不尊重老师，请您原谅他一次，绝对没有下次了。

B：老师您做得对，就得罚他，太不懂事了，我也得收拾他。

区别：A属于没有意识到问题的严重性。B态度上与老师站在了一起，明确要给予惩戒，这样小郑也会意识到自己的问题。

第二步：

A：他就是个孩子，您都批评他了，他会懂事的，您放心。

B：您怎么处罚他，我都没有意见。小郑，你必须为你的行为付出相应的代价，要认识到自己的错误。

区别：A依然不愿面对小郑的问题。B态度坚决，尤其最后一句，会给予震慑。

第三步：

A：我会批评他的，老师您放心。

B：老师我带着他到班里给同学们道歉，我也会道歉，为我没有教好自己的孩子道歉。小郑回家之后我会让他抄写数学课本、数学笔记，一个月内禁止碰手机。

区别：A依然没有具体的惩戒措施。B有明确的惩戒措施，这对小郑来说，"代价"有些大。

教师小结：在以上两种情境当中，我们可以看到，及时做出表扬或惩戒，会给孩子留下"你非常重视他"的印象，会使孩子意识到自己取得进步，是有成就感的，自己犯错会受到惩罚，而惩罚不是自己能够承受的。德国教育家第斯多惠说过："谁要是自己还没有发展、培养和教育好，他就不能发展、培养和教育别人。"我理解大家工作很忙，很辛苦，主观上都认为孩子已经十六七岁，接近成人，他们会懂事，等等，但是我们要明白，他们依旧是学生，依旧是心智不成熟的孩子，"三观"、习惯还未定型，我们不可以掉以轻心，要关注他们，给予他们支持和帮助，帮助他们成长。

五、结束语

最"好"的奖是恰如其分。奖励，不是给孩子买多贵的礼物，而是一个微笑、一个温暖的拥抱或一张小小的爱心卡……让孩子感觉被肯定和爱护。表扬和惩罚都不是目的，只是手段，爱孩子最好的方式，是协助他成为更好的自己。

本次家长沙龙活动推荐阅读书目
简·尼尔森《正面管教》

找到"时间密钥"

——家长沙龙之有效的时间管理策略

一、活动背景

有效的时间管理对于高中生来说尤为重要,其实高中阶段的学生已经具备时间管理的自主能力和条件,但是在现实中常见学习低效的现象,甚至有学生因不合理的时间管理导致睡眠不足而内疚自责、焦虑等情况,对身心健康造成了不良的影响。同时家长也普遍缺乏有效的时间管理策略,对孩子进行不当干预,不但没有提高孩子的学习效率,反而影响了亲子关系。因此,在家长沙龙中设计这样一个主题活动,有针对性地教给家长一些有效的时间管理方法和策略。

二、活动目标

(1)使家长认识到有效时间管理对于高中生的重要性。

(2)帮助家长在活动中发现时间管理方面的问题并思考解决措施。

(3)帮助家长学习科学的时间管理策略,引导和支持孩子自主进行时间管理。

三、活动准备

收集家长在孩子时间管理上的困惑,制作PPT,准备"时间管理四象限法则"微课。

四、活动过程

(一)热身游戏

教师:家长朋友们,欢迎大家参加今天的家长沙龙活动,我们先来做

一、慧心家长篇

一个热身小游戏。我这里有一个球,我们进行限时一分钟的传球游戏,共两轮,看哪一轮传球次数更多。大家要注意,在游戏过程中一定要用手传,不能扔球,否则算犯规。(游戏设想:第一轮传球教师不提醒时间,满一分钟便结束游戏;第二轮传球,教师用倒计时形式提醒家长)

教师:两轮传球哪一次传得更多?大家有什么不一样的感受?请家长朋友们说一说感受。

家长1:当然是第二轮传球多。

家长2:第一轮传球时还没有进入状态。

家长3:确实,到了第二轮,因为有倒计时,大家传球速度明显加快,因为感到时间不多了,而第一轮传球传得很随意。

教师:几位家长说得非常好,我们都有相同的感受,第二轮,因为感到时间紧迫,传球的时候更专注,并且有了传得更多的目标,当然效率就更高。孩子上了高中以后,时间管理意识仍然不够,缺乏紧迫感,没有良好的学习习惯和生活习惯。处理事情没有轻重缓急之分,想干什么就干什么,比较随意散漫。学习以及生活缺少秩序感,甚至因为时间管理不当导致睡眠不足以及心理焦虑等问题。综上种种,我们看到孩子在时间管理上出现问题的情况较为普遍。所以今天家长沙龙的主题就是"找到'时间密钥'"。

(二)情景剧表演

教师:也许家长会有疑问,孩子已经上了高中,学习负担很重,大部分时间都在学校,我们家长在孩子的时间管理上能做哪些事呢?接下来,我们想邀请几位热心家长和我一起以情景短剧的形式再现家庭中常见的时间管理方面的问题,请大家在观看过程中记录并思考:剧中出现的关于时间管理的问题有哪些?家长应该充当什么样的角色?

情境表演一

PPT展示故事背景:时间,某周六傍晚;地点,小龙家里。
主要人物:小龙,小龙妈妈,小龙爸爸。
(小龙放学回来了,进门把书包一扔)
小龙:终于休息了,我要联机好好玩几把。
(拿起手机,沉浸在游戏中)
妈妈:小龙,饭好了,赶紧吃饭,吃饭后写作业。
(小龙头也不抬)

小龙：等我打完这关……

（晚饭后）

妈妈：小龙你先写作业，写完作业再玩。

小龙：我先玩一会，今天可是周末啊，难得放松一下。

爸爸：对的，儿子，爸爸一会陪你玩两局。

妈妈：……

（晚上10点半，小龙妈妈推门进入小龙房间）

妈妈：小龙，你作业做完了吗？怎么还在看手机？

小龙：我和同学聊天呢，马上就好。

（小龙妈妈欲言又止，还是无奈地出去了）

（晚上11点半）

小龙：哎？怎么就快12点了呢，今晚上我都干了什么？时间过得真快，作业还没做呢。先睡觉吧，太晚了，明天再说。

情境表演二

PPT展示故事背景：时间，某周六傍晚；地点，小江家里。

主要人物：小江，小江妈妈。

（小江在书房写作业，妈妈开门进来）

妈妈：小江，你要快点，不要磨蹭。要在6点前把学校的作业写完。6点我们吃饭，吃完饭，6点半你还要做补习班的作业，做完也要8点了。这周的数学成绩不理想，8点我和你一起分析下试卷，找些类似的题练一下，10点赶紧洗澡，上床睡觉前，你还要坚持阅读半小时呢。快点吧……

小江无奈地叹了一口气，头也不抬地抱怨说：每周就休息这样一个晚上，明天晚上就要上晚自习，你为什么每次都给我安排得满满的？不给我一点喘气的机会！

妈妈：你的成绩一直上不去，你还有理了？从小到大，不都是妈妈给你安排的吗？以前都能考得很好，上了高中怎么就不行了？所以我们只有付出更多的努力，挤出更多的时间，才能超过别人呀！你快点吧！赶紧！

（妈妈说完出去做饭了）

（小江越想越委屈，扔掉了笔）

小江：我不干了，这样的日子一点意思也没有。难道我是负责执行命令的机器吗？！

教师：非常感谢热心家长的精彩表演，大家会发现以上两个场景似曾相识，它就真切地发生在我们的身边。在这两个情境表演中，你看到了关于时间管理的哪些现象、问题？还有大家可以说说家长在孩子的时间管理方面应当充当什么角色。请大家讨论后发言。

家长1：第一个剧中的小龙同学因为缺少学习目标，或者说对自己的任务不明确，一心想着放松，让时间白白溜走了。家长也没有及时干预制止。

家长2：是的，我觉得家长可以帮助孩子一起做好周末的时间规划，一起明确学习任务。不能作业都没完成就开始玩。特别是已经发现孩子的问题却没有及时制止，这是纵容孩子，是不对的。长此以往，孩子的学习效率会很低，因为家长的要求一直在降低。

家长3：我想说的是，我们也不能给孩子制订太满的计划，第二个情境中的小江妈妈就是个例子，她总觉得自己运筹帷幄，孩子从小到大，时间管理一直由她指导，但是孩子缺少时间管理的自主性，反而没有了学习积极性，出现了逆反心理，这样学习效率同样不高啊。

家长4：周末时间，肯定要劳逸结合。两个孩子，一个是拖延问题，一个是消极情绪，两个家长做得都不太好，都有问题。

教师：大家分析得不错。首先我们要明确的是，高中阶段的孩子年龄已经接近成年人，这个阶段孩子应该有一定的自主性和独立性，他们不喜欢听家长说教，更不愿意服从家长事无巨细的安排和计划。但是，我们也不能任由孩子随心所欲，特别在发现问题后我们家长还是要及时干预并且和孩子一起积极解决问题。因此，下面我们来进行一次头脑风暴，就孩子在时间管理上的问题，一起讨论解决的对策。

（三）头脑风暴

教师：我给大家发一张彩纸和一支马克笔，大家先讨论，然后把问题和相应的解决措施汇总并写在彩纸上，最后请各组的家长代表上台交流。

（家长分组讨论，并汇总问题和措施）

家长1：我们小组想就孩子因家长安排计划过于密集而导致消极情绪这个问题来发言。刚才老师提到这个阶段孩子应该有一定的自主性和独立性，我们是非常赞同的，所以可以让孩子自主安排一天的作息时间，比如起床时间、睡眠时间、作业时间、用餐时间、休闲时间等，并给孩子一定的自主权。我们家长扮演的角色要转变，从指导者、干预者转变为引导者、鼓励者和支持者。以关心孩子为宗旨，用心陪伴孩子、关爱孩子。下面我讲一下具体措施，主要是可以从不同维度对孩子的时间管理效果进行评价，先观察，再沟通，调整孩子的时间管理方式，如果发现不合理之处，应及

家校合融 成人之美

时引导，适度调整。如果孩子做得不错，效率很高，一定要及时鼓励和表扬，这样会逐步提升孩子的时间管理能力。

家长2：我们组想谈谈孩子们普遍出现的"拖延症"问题。我们讨论后得出的措施是，首先家长要通过示范引领使孩子知道时间管理"是什么"，明白时间管理"怎么做"。要求孩子做到的，家长也一定要做到，这就是家长的榜样作用。在时间管理方面，我们可以和孩子一起规划，预设相关活动的时间和结果。我们家长可以同步参与，还可以以竞赛的方式激发孩子参与的积极性，并且给予孩子正向的评价。其次，我们在示范引领时，注意与孩子保持一定的距离，而不是对孩子进行监视，让孩子失去自主安排的权利，比如孩子做作业，我们做家务，然后一起评价各自的成果，提高整个家庭的做事效率，实现共赢，也营造和谐温馨的家庭氛围。最后，当孩子出现"拖延症"时，不要一味地指责孩子，催促孩子，要善于倾听孩子的心声，了解背后的原因，再一起来修改完善时间管理计划。做到以上三点，一定能有效应对"拖延症"，提升孩子的时间管理能力。

家长3：前面两组家长都提到在孩子进行时间管理过程中的"评价"问题，其实我们小组几位家长集中讨论了这个问题，特别是组内有几位家长很有实践经验，现在我来总结下，家长朋友们也可以参考执行。我们认为评价大体可以分为短期评价和长期评价两种，短期评价可以以"天"为单位，记录孩子每天完成计划的情况，考查孩子的时间管理是否有效，根据孩子的具体表现给予适当的评价和奖励。长期评价可以以"周"或者"月"为单位，主要是对孩子的时间管理情况进行阶段性总结和评价。对于高中生来说，我们认为长期评价更好；但是对于一些习惯比较差的孩子，我们觉得短期评价也是有一定效果的。这就要求孩子先制定短期的目标和时间规划，我们家长要做的就是根据孩子的目标和规划设计细致的评价表，记录每一项任务的完成情况，进行评定。这需要我们家长长期坚持，持之以恒，等到孩子养成较好的时间管理习惯后，可以考虑长期评价。接下来再说说长期评价，长期评价是在孩子进行一个阶段的自我管理之后的总结和评价，体现了一定的仪式感。通过评价，孩子能够清晰地看到自己成长的轨迹，能够整体地看到自己的努力成效，懂得时间管理对于自己的重要性，激发自我成长的动力。最后要说的是，两种评价方式是密不可分的，可以综合运用。

家长4：相对于前面几位家长的发言，我们小组是从时间管理的宏观角度去讨论的。首先，无论是孩子自主制订时间管理计划还是家长协助制订，我们首先要关心的是计划的科学性。特别是我们的孩子现在学习负担较重，同时他们处于成长发育阶段，"劳逸结合"才是合理的时间管理理念。在这个家长普遍焦虑的时代，好像大家看到孩子放松下来就感到焦虑。大家想想难道无时无刻不高强度学习就是合理的吗？现在是个网络时代，我们家长也可以多在网络上了解一下相关的知识，网上有很多科学管理时间的专业知识和范例，前阵子一个大学教授的作息时间表走红网络，向我们展示了时间管理的魅力，教授就是通过科学管理时间才取得了丰硕的科研成果。所以，我们可以去了解下时间统筹的知识。其次，时间管理贵在坚持。或许我们都制定过自己的作息表，但是能坚持的有几个？我们的孩子更是难以坚持，然而，如果坚持，孩子是否能从中受益？如果放弃，原因又是什么？我们需要理性分析背后的原因。只有找到问题的根源，才能鼓励孩子坚持科学作息，这样才是有效的时间管理。

教师：非常感谢以上四位家长的精彩发言，大家从不同角度谈了引导孩子有效管理时间的具体措施。讲得非常好！是的，我们要想和孩子一起从容地应对繁忙的学业，就要珍惜时间，科学管理时间。刚刚也有家长提到"科学管理"的重要性，我想到美国的管理学家史蒂芬·科维提出的时间管理的理论——时间管理四象限法则。下面我们一起来学习。

（四）实战演练

播放"时间管理四象限法则"微课，并进行细致讲解。以 PPT 展示时间管理四象限法则。

教师：美国的管理学家史蒂芬·科维将工作按照重要性和紧急性两个维度分为四类——重要且紧急的工作、重要不紧急的工作、不重要但紧急的工作和既不重要也不紧急的工作。那么我们该怎么应对这四类工作呢？合理的方法应该是重要紧急的工作先做，重要不紧急的工作按计划做，紧急不重要的工作授权他人做，不重要且不紧急的工作可不做。

情境再现：（PPT 展示）周六晚上，小明放学回家，爸爸告诉他周日要带他去看望远房亲戚，因为爸爸和妈妈要去准备礼品，周日收拾碗筷等家务就交给小明。小明一听，心想自己一周就放一天假，周日除了完成作业、看课外书外，还要探望长辈并且做家务，那么自己周末的游戏、聊天等休闲时间呢？该如何安排呀？

教师：各位家长，如果你的孩子面临和小明同样的时间管理上的困惑，在你已经了解并学习了"时间管理四象限法则"之后你会如何给孩子提供建议和帮助呢？说明理由。时间关系，我们只请一位家长来谈谈，谢谢！

家长：首先我依照刚才讲的时间管理法则，对几件事情进行分类，完成作业是最重要的事，收拾碗筷等家务是比较紧急的事，探望长辈是重要不紧急的事，游戏与聊天是不重要不紧急的事，所以在时间管理安排上，完成的顺序是完成作业、收拾碗筷、探望长辈、游戏、聊天。

教师：好的，看来大家已经明白时间管理法则中分清事情轻重缓急的重要性，那么我们在引导孩子进行时间管理时就可以把这个方法教给他们。经过实践，我们发现：不要试图把所有的事情都做好，而要确保自己一直在做最重要的事情。对于高中生来说，学习时间的长短并不重要，重要的是效率。学习时间也有"马太效应"。马太效应，名字来自一则寓言。对于学习来说，就是学习的"贫富差距"越来越大的现象。学习成绩较好的同学，看书做题很轻松，学习完时间还剩下很多，可以用来让自己取得更大的进步。学习成绩不理想的同学，效率低下，每天连老师布置的作业都难以完成，根本挤不出时间来提高自己，只能越来越痛苦，于是，学习成绩的"贫富差距"越拉越大。最后，还要提醒大家的是要帮助孩子学会执行，执行力是第一生产力。这是最重要的提醒，同样也是时间管理最重要的原则。

五、活动总结

教师小结：本次家长沙龙活动，我感受到大家对孩子时间管理能力的重视，让孩子学得轻松，玩得快乐，可能是每个家长的愿望。我想，经过这次活动，大家已经明确何为时间管理。可以说，高中阶段孩子之间拼的不是智商，而是时间管理。大教育家陶行知说：生活即教育。家庭教育是基础，同时要尊重发挥受教育者的主体地位，而教育者应起到示范引导作用。作为家长，我们很有必要在日常生活中配合老师，充分发挥生活德育中教育者的作用，做好孩子时间管理的引导者和支持者，提升孩子时间管理能力，和孩子一起找到"时间密钥"，做时间管理达人。谢谢大家！

本次家长沙龙活动推荐阅读书目
史蒂芬·科维、罗杰·梅里尔、丽贝卡·梅里尔《要事第一》
弗朗西斯科·西里洛《番茄工作法：有效地使用每一点时间和脑力》

一、慧心家长篇

不经历风雨，怎能见彩虹

——家长沙龙之挫折教育

一、活动背景

当前高中教育的对象多是独生子女，优越的物质条件和家长关怀为孩子的成长提供了保障，很大一部分孩子处于家庭中的"核心"地位。很多父母在孩子的成长过程中存在"过度帮扶"的现象，在为孩子扫清障碍的同时也降低了孩子直面困难、抵御挫折的能力。缺少挫折砥砺的孩子遇到无法依靠别人帮助排解的困难时，在心理和行为上往往会出现这样或那样的问题。通过中考的选拔，进入高中的学生处于一个新的环境中，相对于义务教育的初中阶段，学生在高中要面对新的学习挑战，环境适应，人际交往和青春期问题。在这个过程中，学生会遇到学业成绩不理想，作息安排不合理，同学交往出现矛盾或自身青春期发展的困扰，从而受到打击，失去面对未来的勇气；面对家长殷切的期望，面对老师谆谆教诲，变得怯懦，逐渐消沉。因此，在竞争压力越来越大的当今，学校和家长不仅要培养孩子的竞争能力，也需要培养孩子承受挫折的能力。

所谓"承受挫折能力"是指人们对思想挫折的控制、调节和适应环境的能力，是正确控制情绪、适应环境、调节行为、改善自我的过程。社会心理学家认为，孩子可以通过接受特定的教育获得这种能力。这种特定教育就是挫折教育，它的主要作用是增强孩子的耐挫力、应变力以及克服力，帮助孩子完善人格。

因此，在家长沙龙活动中设计这样一个主题活动，有针对性地教给家长一些挫折教育的方法和技巧，改变他们的认知，帮助他们在生活中有意识地适当放手给孩子接受挫折的机会，同时帮助孩子有效地应对挫折，这也是学校心理健康教育的重要部分。

二、活动目标

（1）认知目标：引导家长正确看待孩子所遇到的挫折，同时，让家长认识到挫折教育的意义和重要性。

（2）情感目标：家长帮助孩子从容应对挫折，形成良好的生活态度，在挫折面前挫而不折，保持积极进取的精神状态。

（3）行为目标：家长通过挫折教育教会孩子正面思考，使孩子在遇到困难、挫折时能积极解决问题。

三、活动准备

收集学生受挫的典型案例，制作PPT，拍摄学生关于受挫问题的小视频。

四、活动过程

（一）导入

教师：各位家长，相信大家看到不少关于孩子自伤、自杀的新闻。从大孩子不如意时动不动就离家出走，甚至跳楼自杀，到小孩子因为一点点需求得不到满足就情绪激动，长时间陷入负面情绪中难以自拔，安抚无效，越来越多的孩子就像温室里的花朵，耐挫力"简直弱爆了"。一幕幕惨剧，不禁让我们陷入了深深的思考：人生的道路不可能是一帆风顺的，总会遇到坎坷，就像晴朗的天空会出现乌云，美丽的草原会跑来狼群，平静的海面会掀起巨浪一样。孩子耐挫力弱，这个困境如何突破？今天我们就通过这个活动来探讨如何来看待孩子受挫，怎么样来帮助孩子提升耐挫力和应对挫折的能力。

（二）故事分享

讲述一个小故事：

草地上有一个蛹，被一个小孩发现并带回了家。过了几天，蛹上出现了一道小裂缝，里面的蝴蝶挣扎了好长时间，身子似乎被卡住了，一直出不来。天真的小孩看到蛹中的蝴蝶痛苦挣扎的样子十分不忍，于是就拿起小剪刀把蛹壳剪开，帮助蝴蝶脱蛹而出⋯⋯

请家长猜一猜故事的结局。

故事结局：然而，由于这只蝴蝶没有经过破蛹前必须经历的痛苦挣扎，出来后身躯臃肿，翅膀干瘪，根本飞不起来，不久就死了。自然，这只蝴蝶的欢乐也就随着它的死亡而永远地消失了。

教师小结：家长们很容易就能猜到蝴蝶最后没有展翅起舞，它跳过了成长的必然过程而最终死去。蝴蝶的成长必须在蛹中经过痛苦的挣扎，直到它的翅膀强壮了，才会破蛹而出；否则，它很快就会被环境所吞噬。这正如我们的孩子们，当他们在成长的过程中遇到各种困难和挫折，当看到他们面对挫折的无助和挣扎，我们家长是如何看待和应对的呢？是帮他剪开蛹壳还是紧紧地抓住这个教育的契机呢？

挫折是坏事，它给人以身体和心理上的打击，带来烦恼和痛苦，让生活的道路曲折、坎坷。挫折亦是好事，它有利于人们磨炼意志，增长才干和智慧，可以激发我们的进取精神。家长首先要对挫折有正确的认识，才能在日常生活中帮助孩子建立起这一正确认识。

（三）情境再现

挫折与人生相伴：因身材矮小而烦恼；因自己相貌平平而自卑；因受到老师的批评而苦恼；觉得父母不能真正理解自己而郁郁寡欢；高中科目多，学习压力大，总感到力不从心；学习很努力，但始终没有取得理想的成绩；处理不好与同学的关系，感到孤独无助……

高中阶段，孩子处于生理和心理的发育期，他们面对上述的各种困难和挫折，可能会不知所措，有时会自暴自弃甚至走向极端。我们作为家长是否了解孩子所处的困境，倾听孩子的需要，真正有效地帮助孩子克服困难，战胜挫折？下面我们一起来听听孩子们的心声，想一想自己的孩子是否有类似的经历，而我们是如何应对的。

播放小视频：

学生1：刚踏进中学大门的我，一开始就被四面八方的"高手"吓呆了，他们的技艺如此的高超，我必须加把劲呀！但是不管我怎么努力，试图站起来，还是败下阵来。我拿起了刚刚发的数学试卷，蓦地眼前一片黑，感觉四周的人都在讥笑我，我恨不得找个洞钻进去，长对翅膀飞出去，穿上隐形衣消失不见，不想发出任何声响，不想理会任何事物。我的梦想与我仿佛渐行渐远。这一切都让我惶恐不已。我该怎么办？

学生2：我最近和班里一位同学闹矛盾了，我们冷战不说话，后来偶然听到他在跟另一个同学说我坏话，我就特别敏感，感觉其他同学受到他的影响对我有看法。于是任何人的一句话我都要想好久，琢磨其中的意思。

家校合融 成人之美

同桌和旁边的人说话我都要侧耳倾听，想知道他们是不是在说我，然后想个半天，很难受，整天心里堵得慌，作业也做不下去。

学生3：在学校里学习一天很累了，晚自习回到家就想轻松一会，听会儿音乐，玩会儿游戏，可是爸妈一点也不懂我，左催右催，说不了两句就拿我的成绩说事：成绩这么差，怎么考大学？看看那个某某，每次考试都是班级第一，你还玩游戏，玩物丧志，能有什么出息！在家里似乎除学习和成绩外，没有别的话题，他们一点也不在意我的想法。很多时候不是冷战就是大吵一架，我觉得很压抑，也很暴躁，自己很难排解。

家长讨论，分享。

家长1：我家孩子也有类似的情况。我家孩子成绩平平，平时住在学校里，周末回到家就窝在房间里玩电脑。我们家长急呀，但是一两句话他就发脾气把自己关在房间里跟我们冷战。恨铁不成钢啊！我们只好把家里的网给断了，把他的手机没收。从此他跟我们就像仇人一样。

家长2：我家孩子学习上还是挺上心的，每天晚上除了完成学校里的作业还会自己刷刷题，但是成绩就和过山车一样，波动特别大。她考得不好的时候，我一直跟她讲，成绩好不好都不重要，可她因此不肯上学，弄得家里鸡犬不宁。

家长3：我家孩子最近跟同学有矛盾，整天垂头丧气的。她回来说最近跟她的好朋友因为一点小事起了争执，两人吵架的时候都口无遮拦地说了伤害对方的话。原来同出同进的好朋友现在形同陌路。我说既然有错，就去跟同学道个歉，事情就解决了呀。可是她又不愿意。

教师小结：听了三个孩子的心声，我们发现，在家长看来并不严重的一些事对于孩子来说可能就是影响正常学习、生活的大事，是他们很难应付的挫折。对孩子来说这个时候他们很难受，但这也是他们成长的关键点。家长的应对非常重要，如果家长的反应不恰当，那么不仅帮不到孩子，还可能给孩子增加压力。因此，家长要针对孩子的特点，帮助孩子理解挫折的意义，同时也要陪伴孩子直面挫折，教给孩子战胜挫折的方法。

（四）挫折教育的技巧

《教育的选择》一书说道："真正的挫折教育，不是让孩子对挫折麻木，而是让孩子不惧怕挫折；真正的挫折教育，不是要家长制造挫折，而是能够和孩子一同面对挫折。"作为父母，要抓住有利时机，合理疏导孩子的负面情绪，带领孩子积极面对困难和挫折。

根据上一个环节中三位同学出现的问题,请家长们从中选择一种情况,分成三组,各组分享自己的经历和解决方式。请每组家长把讨论出来的教育技巧汇总在海报纸上。(每组发放海报纸和彩色马克笔)讨论结束后,请每组选一位家长作为代表展示海报并发言分享。

家长组1:我们觉得这类孩子是有追求的,所以才会为努力后没有达到预期而痛苦。家长面对这样的孩子,可以注意以下几点。首先,我们作为家长要肯定孩子所付出的努力和取得的成绩。其次,和孩子一起分析和讨论学习成绩不理想的原因,多从内部找原因,激发孩子的内驱力,帮助孩子找到自己可以改变和控制的因素。再次,我们觉得还可以用其他活动来减轻孩子的学习压力。比如带着孩子去跑跑步,看看电影。最后,应该让孩子接受自己的现状。学习的道路曲曲折折,成绩起起伏伏,是正常现象,要用发展的眼光看待自己。

家长组2:刚刚我们讨论的时候发现,家长往往不理解孩子的那种挫败感。其实同伴关系是青春期孩子非常重要的社会关系,他们都很重视,所以当遇到矛盾冲突时,挫败感也就特别强烈。因此,当孩子受挫时,家长要认真地倾听孩子的描述,不打断孩子倾诉,努力体会孩子的感受,最大限度地理解孩子。做一个合格的倾听者,是家长对孩子最大的支持。另外,我们觉得孩子之间的问题要让孩子们自己解决,可以为孩子提供解决的思路但不可代劳。

家长组3:我们这组讨论的情况是亲子关系紧张造成的。看了视频我们都很有感触,有的时候我们埋怨孩子的那些话对孩子造成很大的伤害。所以我们认为,家长要先调整好自己的情绪,切忌大吼大叫,要心平气和地跟孩子交流,这是有效沟通的基础。然后我们也要接受孩子的各种问题,降低我们的心理预期,站到孩子的位置上去体会他的感受,最重要的是了解他的需求。一味指责和埋怨是没什么用的。另外,在学业和社交压力下,尤其是学习并不是很出色的孩子,特别容易暴躁。我们认为是不是可以引导孩子进行情绪转移,带着他们讨论点时事话题或者进行一些他们喜欢的活动。

教师小结:法国作家巴尔扎克曾形象地将挫折比喻为一块石头,对于强者,它可以成为垫脚石,让人看得更高;对于弱者,它可以成为绊脚石,使人一蹶不振。面对挫折,通过正面引导,合理锻造,能够磨炼学生的意志,提升学生的能力。

最后我们一起来听听专家的建议。

专家：作为家长，在帮助孩子应对挫折时，第一步可以倾听孩子的描述，观察其非语言的行为，包括肢体动作、面部表情、声音语调等，不打断孩子倾诉，不着急做出评价，努力体会孩子的感受，最大限度地理解孩子。在复述的过程中进行良好的亲子沟通，帮助孩子看清事实，同时消化和调控自己的情绪，为解决问题奠定基础。第二步则是合理归因。高中生思维的独立性和批判性明显发展，但具有片面性和表面性，应让学生学会正向思考问题，聚焦事情的解决，减少消极情绪。因此，家长应该引导和帮助孩子对所遭受的挫折进行正面积极的合理归因，讨论成功和失败的意义，避免夸大挫折的负面意义，多从内部找原因和症结，激发孩子的内驱力，帮助孩子找到自己可以改变和控制的因素。搞清楚受挫的原因后，第三步就是帮助孩子鼓起勇气。哥伦布曾说过："世界是勇敢者的。"的确，只有勇敢者才能战胜认识道路上的一切困难，勇往直前；只有勇敢者，才有创新意识，打破传统的束缚，改造世界。家长适时地利用一些名人事迹和寓言故事，或者分享自己曾经成功和失败的经历等来激励孩子。在孩子做好一件事情时及时给予回应进行鼓励和赞美，帮助孩子建立直面挫折的自信。第四步就是要对症下药。对于不同的挫折感，应对的方法有所不同，但战胜不同的挫折都需要做好身心准备。

因此，在遇到挫折时第一时间调整好身心状态是关键。以下是几种常用的方法：一是帮助孩子学会宣泄，摆脱压力，从而减轻挫折感，增强克服挫折的信心。二是引导孩子尝试转移情绪，通过孩子感兴趣的其他活动，比如集邮、写作、书法、美术、音乐、舞蹈、体育锻炼等，使孩子的情绪得到调节，情感得到升华。三是"幽默"和"自嘲"是宣泄积郁、平衡心态、制造快乐的良方。当孩子遭受挫折时，家长不妨采用阿Q的精神胜利法，用幽默的话语，比如"吃亏是福""有失有得""难得糊涂"等来调节一下气氛。四是教会孩子进行积极的自我暗示，比如，进考场前暗示自己"不要紧张""别着急，看清题""我一定能考好"等，来保持情绪的平稳；当才能不能得到发挥时，鼓励自己"天生我材必有用""天将降大任于斯人也，必先……"以此来重塑自信，摆脱烦恼、焦虑、愤怒。五是在孩子遭受挫折时，父母应保持稳定的情绪状态，给孩子充分的安全感，同时积极参与孩子受挫的归因和应对措施的制定。在计划的实施过程中及时地提供帮助和心理支持，避免孩子在孤独无助中焦虑、恐惧和迷茫。

五、结束语

勒温在需要和紧张的心理系统理论中指出:"只要在一个人的内部存在一种心理的需求,就会存在一种处于紧张状态的系统。这就会激发一种满足需要的动机。需要若得不到满足,紧张就不会解除,挫折情绪也就随之出现。"由此可见,挫折情绪的产生是不可避免的。而处于青春期的高中生,生理和心理都处于一个变化的阶段。他们的健康不仅在于身体强健,更在于有良好的心态。未来的建设者不仅要有立足于社会的学识,还要有面对挫折的勇气和坚强。学会面对人生的起起伏伏,珍爱健康与生命,享受生活与成长,是孩子的必修课,也是家长的最大心愿。让我们珍视挫折的积极意义,让挫折教育成为孩子顺利成长的保护伞。当孩子被挫折笼罩时,愿所有的父母,都能成为那束最温暖的光。

爱 的 困 惑

——家长沙龙之异性交往的困境与策略

一、活动背景

异性交往，无论对于学校、家长还是学生而言，都是一个较为敏感的话题。高中生处于一个特殊的年龄阶段，随着生理的逐渐成熟和性意识的初步萌芽，往往对爱情存在朦胧的认识与期待，甚至部分学生可能会有早恋的倾向。那么家长应该如何正确看待高中阶段的"异性交往"呢？一方面，我们需要警惕将异性相互吸引和"早恋"混为一谈，或者将"早恋"作为异性交往的一个必然的结果，因为并不是所有男女生之间的交往都会成为"早恋"的诱因。而无论是从同伴互助沟通的角度，还是从不同性别自然相互吸引的角度而言，男女生的正常交往，都有其正当性和合理性，绝不能视之为洪水猛兽。另一方面，面对高中阶段的异性交往，教师、家长也不能听之任之。高中阶段学生的心理仍然不够成熟，不能够区分"好感"和"爱情"，也不能理智地处理好交往关系。一旦陷入"早恋"之中，学生可能会因无法控制自己的情绪而做出一些出格的行为。

所以，家长和学校既要密切关注学生异性交往方面可能存在的"越界"行为，又不能操之过急，管束过多，这样反而会激发学生的逆反心理。家长要分清什么是正常的异性交往行为，如何引导孩子把握异性交往的尺度，对于非正常的异性交往行为，家长可以采取相关的措施。因此，学校以家长沙龙的形式让教师与家长代表或存在"早恋"倾向的学生家长就这个话题展开沟通与交流。

二、活动目标

（1）认知目标：了解正常的异性交往的外在形式和特征，对非正常的异性交往的主要特征进行辨别。

（2）情感目标：在活动中，让家长感受到孩子对正常异性交往的需求，学会做孩子的情感问题顾问，避免过度干预而使孩子反感。

（3）行为目标：孩子出现非正常异性交往的征兆时，家长要采取正确的方法和策略，以积极有效的措施进行应对，帮助孩子树立正确的恋爱观。

三、活动准备

收集非正常异性交往的典型案例，总结正常异性交往的特征，拍摄关于异性交往的情景剧。

四、活动过程

（一）导入

教师：孩子进入青春期之后，如何引导他们进行异性交往成为家长们所要面临的较为棘手的问题。电视剧《家有儿女》中，有个男生在夏雪家的楼下竖了一个牌子："夏雪我爱你。"家长没有给孩子任何解释的机会，就说孩子恋爱了。首先，我们要肯定的是，高中阶段的孩子有异性交往的需求是正当、合理的，我们要相信孩子具有区分"友谊"和"恋爱"的能力，要给孩子和同龄人交往的空间。其次，我们要关注的是，高中阶段的孩子虽然生理上日趋成熟，但心理上、人格上并没有真正走向成熟和完善，需要密切观察孩子是否因非正常的"异性交往"产生困扰，是否有过激行为。最后，我们要明确的是，"堵"不如"疏"，不能夸大异性交往存在的问题，也不能无视因异性交往可能会带来的问题。如果孩子恋爱了，一定要加以正确引导。那么，我们家长如何选择正确的方法和策略应对孩子的异性交往呢？接下来，我们看几个情景剧表演。

（二）情景剧代入

小红在书桌旁安静地学习。妈妈说："我现在去单位加班，你在家里好好学习，今天定的目标一定要完成。"小红等妈妈出门后，观察了一下，偷偷从抽屉里拿出家里的 Pad，登上 QQ，快速地点触屏幕，和一个同学聊天。家里的门突然被打开了，小红赶紧把 Pad 放回抽屉，因为动作慌乱，还没有来得及关掉屏幕。妈妈匆匆赶回来："我有个资料放在 Pad 里，我得导出来。"小红妈妈瞄了一眼 Pad 屏幕，看到小红在和一位网友聊天，从两人的聊天记录用语来看，对方很有可能是男生，看上去两人的关系较为亲密。

家长分组讨论：如果你是家长，你会怎么做？

家长1：我觉得这个时期的孩子可能对自己的隐私比较敏感，我会不动声色地把聊天的界面关掉。我不会直接干涉孩子的隐私，这对孩子来讲不够尊重。然后，我会进一步观察，看看孩子有没有进一步的举动。我比较希望孩子能够主动找我交流。

家长2：我不太能接受女儿在学习的时间和男孩子聊天，不管他们有没有谈恋爱。我觉得孩子故意隐瞒家长的做法是有问题的。我虽然不会直接斥责她，但会告诉她这样的做法是不对的，我会停下来好好地跟她谈一下，了解她的内心想法。

家长3：我觉得这个问题可以换位思考，孩子为什么会趁家长不在的时候拿出Pad，为什么没有用Pad做其他事情，比如看视频或者玩游戏。这说明聊天对她的吸引力更大，而且更加重要，这是不是说明平时我对她的关注不够多呢？我会认真反思自己的行为，同时侧面了解她近期的心理。

教师小结：

从刚才几位家长的发言中，我们欣喜地看到了家长并没有捕风捉影，怀疑孩子有不正当的异性交往问题。第一位家长是从保护孩子隐私的角度出发，以不变应万变，这也是比较柔和的处理方式。第二位家长虽然以正面的方式回应了孩子，但也是以相对温和、理性的方式，以沟通的姿态，给孩子正确的引导。第三位家长更是从反思自我的角度出发，就事论事，同时借助外部资源来解决问题。可想而知，如果家长以比较强硬的姿态介入追究这件事，孩子可能会觉得自己的隐私受到了侵犯，家长并不尊重自己，进而会引发和家长的矛盾。这个情景剧改编自我亲身经历的一个案例，这个孩子因为母亲忙于工作，忽略了与她的沟通，而瞒着家长跟班上的一位男同学走得比较近。幸好家长及时发现了问题，多方了解情况之后，增加了和孩子的沟通与交流，从孩子口中得知他们只是普通朋友的关系。家长对此表示尊重和理解，最后问题便迎刃而解。

（三）倾听心声

校园心理工作坊收到了这样一封读者来信：

老师您好：

我是一名高二的学生，我的成绩在班级属于中等水平，数学学科较为突出，平时也会给班上的男同学讲讲题目，不怎么跟女生交流。最近班级调整了座位，老师把一个其他学科成绩突出，但数学成绩不太理想的女生调到我旁边。她在课间也经常向我提出问题，不知为什么，每次给她讲题

一、慧心家长篇

后，我都有一种莫名的满足感。我发现我开始有变化了，我对关于她的一切行为都特别敏感。听到她的声音就感觉亲切，看到她的笑容心里就感到温暖，看到她的面庞甚至感觉有一种不一样的神采。我不知怎么去描述这种感觉，或许这就是所谓的爱？

我发现她对我好像也比对班级其他男生更加亲近一点，不纯粹是为了找我讲题。有一次，在上学路上我看到她快迟到了，就跟她说可以搭我的自行车，她同意了。从那以后，我就经常找机会跟她聊天，她似乎也并不排斥。有一次因为我们俩在班级聊天，另外一位同学说了一句暗示我们在恋爱的话。我很生气，向那位同学大吼了一声。不知是因为看到我失态还是为了避嫌，这件事后，她就不怎么找我讲题了。我不知为什么，心里感觉空空的，有可能她只是把我当一个普通的朋友，但我真的感觉她在我心中是无可替代的。请问我该怎么办？

一位还不配谈恋爱的学渣

各位家长，你如何看待这位同学关于异性交往的困惑呢？针对这种情况，你会如何跟孩子沟通？

家长1：我觉得这位同学可能有非正常异性交往的倾向，不过这跟真正"早恋"还是有区别的。这只是单方面的，也就是"单相思"。如果我是这位同学的家长，我会鼓励他和更多的女生交流。从他的表述来看，他还是比较内向和自卑的。多与异性交流沟通后，他可能发现他之前的想法比较狭隘。

家长2：我赞同刚才那位家长的看法。我也觉得这位同学更应该学会怎么和异性进行沟通。我甚至会鼓励他和女生单独谈谈，如果他知道女生并没有那方面的想法之后，可能就会恢复正常的状态了。我觉得如果孩子过于关注一个人、一件事，把它当作生活的全部，就陷入了偏执的状态，这是比较危险的。

家长3：前面两位家长对于这位同学的状态的判断，我基本同意。但我反对让这个男生和女生就这个话题单独谈。因为，如果女生刚好对男生也有点感觉，这就会发展成真正意义上的"早恋"；如果女生表示她并没有那方面的想法，男生则可能会受打击。从这封信来看，孩子的心理是极为敏感而脆弱的。

教师小结：刚才家长的发言非常精彩，也有观点的相互补充和交锋。异性交往关键在于尺度的把握，要让孩子明白可以通过和更多的异性进行交往，建立更为广泛的联系，来避免因单独交往而造成陷入情感旋涡的错觉。要让孩子明白，异性交往是以相互尊重、相互平等为前提的。不要表现得忸怩和拘谨，而要以自己的行动赢得他人的尊敬。注意和异性交往时，不要过于亲热，也不要过于冷淡，要把握好分寸。只有把握男女生正常交往的尺度，才能够在交往时更加自信从容，更加客观地看待自己的处境，避免陷入"偏执"的境地，妥善地处理好与异性乃至同伴间的关系。从那封信来看，这个男生已经处于非正常异性交往的初级阶段，而且靠他自身已经无法解决问题，所以他才会选择向外界求助。那么我们有必要在这个时候介入，比如给孩子写一封回信。我们可以看一下心理工作坊的老师们是如何写这封回信的。

同学你好：

非常欣赏你写这封信的勇气，你很细腻地描绘了你的真实感受。老师从字里行间看到了一个温和谦逊、友善敏锐的你。

在这个年龄阶段，男女生中一方对另一方或者互相有好感，是极为正常的。我们没有必要对自己的真实情感进行掩饰。但老师想要说的是"爱慕"并不同于"爱情"。"爱慕"可能是通往"爱情"的其中一条路径，但并不是全部。

在解答你的困惑之前，老师想给你讲一个故事。曾经有一个女生，她长相普通，也没有任何才艺，她喜欢上了一个非常优秀的学长，为此她参加了自己不怎么喜欢的社团，还学习不同的才艺，让自己的气质由内而外发生变化，成为校园的明星。然而在她终于引起学长的注意，两人互有好感之时，她又选择了出国留学。这就是电影《初恋这件小事》。

你在你的信里提到你的成绩属于中等水平，又称自己为"学渣"，一方面，说明你比较谦虚；另一方面，也说明你对现在的状况不是很满意，想要变得更加的优秀。其实，你在潜意识里有一种不对等的感觉，而真正的"爱情"首先要建立在平等的基础之上。你首先得学会让自己强大，让自己的内心强大，这样你就能在真正的爱情来临之际，更从容地应对。

刚刚的故事里，为什么这个女生最终还是选择了留学呢？原因可能有两个，一则她觉得自己还不够强大，没有完全独立，所以依然需要求学。二则因为她所暗恋的学长的完美形象只是她自己想象出来的，她并不真正了解学长。如果没有足够的了解，是不足以支撑她走得很远的。所以她做出了自己的选择。

老师也相信你能够做出自己的选择，并且尊重你的选择。

一位倾听你真实声音的老师

10月25日

（四）如何就"早恋"与孩子沟通

教师：各位家长，你们曾经担心自己的孩子"早恋"吗？

家长1：还是有过担心，害怕孩子不能处理好异性交往的问题，有过于亲密的接触，最后发展为"早恋"。

家长2：我倒是觉得不必刻意跟孩子强调这个问题，因为孩子在这个年龄阶段对爱情的认识还是很浅薄的，他们可能会在交往中意识到这一点。顺其自然吧。

家长3：我也很担心孩子"早恋"的问题，管吧，孩子可能会很叛逆，这个年龄阶段，孩子的自尊心特别强；不管，又怕会影响他的学习或者是生活。我觉得"早恋"就是一个概率问题。希望老师跟我们家长说说遇到这种情况时应采取的具体措施。

教师：家长关心的可能是一旦孩子陷入"早恋"该怎么对待。我们再来看一个案例。

女生小张是学习委员，男生小王是班长，因为他俩的工作能力较强，班主任经常让他们安排班级的活动事务。有一天小张对妈妈说有个班级活动需要临时出去一下，小张的妈妈在做菜，当时就同意了，也没怎么多想。后来她感觉小张刚刚说话的神色不太对劲，她就透过自己家的窗户向外看，竟然看到了小张和一个男生拥抱在一起。

我们现在来猜一下，小张的妈妈可能会怎么做。我们来看三个选项。

A：冲到楼下，当场斥责小张和小王。

B：找到小王家长的联系方式，让对方家长管好自己的孩子。

C：拍照，然后向班主任了解她在校情况。

你会选择哪个？

家长们选择了C，我们再看下进一步的举动。

A：回家后，将小张大骂一通，批评她辜负了自己的期望。

B：通过旁敲侧击和手头的证据，让小张主动坦承。

C：和孩子谈心，聊一聊自己对谈恋爱的看法。

有家长选择B，也有选择C。接下来就要看小张的反应了。

A：主动承认错误，保证和小王交往时做到克制和理性，现阶段以学业为重。

B：表示自己和班长只是普通同学关系，会反思自己不当的举动。

C：反应强烈，称家长侵犯了自己的隐私，感情的事情要自己做主。

如果小张主动承认错误，或者说明自己和班长只是同学关系，需要委托班主任观察一段时间。如果小张反应较为强烈，那么只能有一个选项：男女方家长、学校、学生进行三方会谈，约定理性交往的相关事项。

五、活动总结

萨提亚提出了五种家庭沟通模式——讨好、指责、超理智、打岔、表里一致。她较为崇尚的是表里一致，也就是通过自我、他人、情境的互动，最终实现内心的和谐与平衡。如果发现孩子有不正常的异性交往，要查找背后的原因。可能是家长因家庭矛盾而对孩子缺乏关注，也有可能是孩子借机逃避现实的学业压力，还可能纯粹是出于一种模仿和猎奇的心理，想要有新的体验。如果孩子有恋爱的倾向，一定要以理性和从容的姿态应对，不能大惊小怪、小题大做。尝试走进孩子心理，理解孩子的行为，同时也给孩子提供一些情感方面的建议，并清晰地表明自己的主张。高中阶段孩子对爱情并没有实际的经验，他们对恋爱只是存在模糊的认识，过度干涉反而让孩子失去和异性交往的机会，造成人际沟通的障碍。发现孩子陷入"恋情"后，不妨以情感顾问的身份适当介入，要跟孩子讲明边界问题，让孩子尊重他人，保护自己，守住底线。家长可以现身说法，用自己恋爱经历讲述自己的择偶标准，告诉孩子自己心中正确的"爱情观"。要让孩子变得更加优秀，要让孩子知道真正的爱情建立在相互了解基础之上，还要让孩子知道真正的爱情同时也意味着责任和义务，要鼓励孩子不只是局限于眼前，树立远大的理想。苏联教育家苏霍姆林斯基说："追求理想是一个人进行自我教育的最初动力，而没有自我教育就不会有完美的精神生活。"对于陷入早恋的学生，应当鼓励他们学会自我教育，帮助他们走出"异性交往"的迷雾，看到天空与远方。

手机有"毒"?
——家长沙龙之手机管理使用

一、活动背景

智能手机为人们带来了便利,带来了快速的信息获取方式、新颖的沟通交流方式。在现实生活中,人们越来越离不开手机,大部分时间被手机、电脑等电子产品占据。不少青少年沉迷于手机游戏,依赖性越来越强,厌学、不愿出门,终日与手机为伴。有些家长也会在玩手机上花费太多时间,玩手机的时间多于与孩子沟通交流的时间。如何让手机在我们和孩子的生活中发挥它应有的作用?加强手机使用的教育和管理,使孩子形成健康作息,专注学习活动,促进亲子和谐的情感交流,对于学生学习状态、个性塑造、品格养成、良好家庭关系的构建都有至关重要的作用。因此,在家长沙龙活动中设计这样一个主题活动,有针对性地和家长对手机管理、使用的方法进行沟通,达成手机管理、使用的共识,这也是学校心理健康教育的重要部分。

二、活动目标

(1)认知目标:知道合理的手机管理、使用方法能保证正常的教学秩序,创造良好的学习环境,构建和谐的家庭关系,促进孩子的身心健康。

(2)情感目标:在活动中感知手机管理的重要性和价值。

(3)行为目标:了解手机管理使用的不合理方式,达成家庭、学校对于学生手机管理、使用的共识,帮助家长学习合理的手机管理使用方法。

三、活动准备

对学生进行关于手机使用的问卷调查,收集手机使用情况的相关数据及不合理使用手机的典型案例,制作PPT,拍摄学生关于手机使用是利大于弊还是弊大于利的辩论小视频。

四、活动过程

（一）导入

主持人：各位家长，手机为人们带来了快速的信息获取方式、新颖的沟通交流方式。在现实生活中，人们越来越离不开手机，有的人大部分时间被手机、电脑等电子产品占据。不少青少年沉迷于手机和网络游戏，依赖性越来越强，终日与电脑、手机为伴，出现厌学、不愿出门等问题。有些家长也在玩手机上花费太多时间，玩手机的时间多于与孩子沟通交流的时间。如何让手机在我们和孩子的生活中发挥它应有的作用？加强手机使用的教育和管理是必要的，这有助于形成健康作息，使学生专注学习活动，促进和谐的情感交流。其实，手机的管理使用也是一门学问，今天我们通过这个活动来讨论手机管理、使用合理方式。手机可能有"毒"，使用必须有度。

（二）情境再现

1. 手机争夺战，谁是胜利者？

假期里家长都要上班，孩子上午要外出上辅导班，下午回家做作业。出于安全的考虑，小明的妈妈给孩子备了手机，因为没人在家，所以也就忽略了手机的管理。一个星期后，孩子的作业并没有做多少。通过"侦察"发现，原来小明在家里用手机听故事，一听就是一下午。等家长快下班的时候才赶紧拿出作业来写两笔。因此，小明妈妈请小明把手机交给她保管，等当天的作业写完后再给他使用，小明表示反对。

小明："之前你答应考完试我可以听故事，再说我又没有犯什么错，我给自己订的计划也完成了，凭什么收我的手机？"

妈妈："用手机需要有个度，先完成作业再听故事，不自觉就需要家长监督，我不是没收而是帮助管理。"

就这样，母子俩关于手机的管理问题争论了一个小时，越说越激动，最后两个人都不冷静了。

妈妈："今天不管怎样，我一定要拿到手机！"

小明摆出无赖的姿态："你今天只要理由充分我就给，理由不充分我坚决不交，你还能上来抢吗？我觉得你不会！"

最后手机争夺战在小明爸爸的调和下告一段落，但小明和他的妈妈仍然没有达成共识。

2．校园手机谍战片

在广东某一所中学，李老师看到孩子们想尽办法将手机藏在各种地方——夸张的甚至藏在内衣里，有学生被发现后不停地祈求他不要告诉家长，而对于那些一旦被没收手机就威胁要轻生的学生，无论是家长还是老师，都感到手足无措。

家长就两个现象进行分组讨论：

案例1：手机争夺战。分析一下孩子的心理、行为，妈妈如何做效果更好？

家长1：看了这个案例代入感很强，如果我是孩子，一方面是心虚，一方面对手机难以割舍。

家长2：我好像与孩子也有类似的经历，其实孩子也需要有休闲娱乐，但是手机使用的规矩也必须有。

家长3：从旁观者来看，给我们家长的启示是孩子需要管教，手机使用需要在可控范围内，不能放任。

案例2：校园手机谍战片。这一批孩子的行为反映出哪些家庭问题？

家长1：看了这个案例感觉这些孩子已经有了"手机瘾"，如果不加干预孩子也就废了。

家长2：我觉得这些孩子背后可能有家庭教育缺失的问题。他们与家长可能缺乏沟通，或者家长管教太严，使他们产生叛逆心理。

家长3：这一批孩子的情况让我感到心疼，心疼孩子的现状，孩子缺少爱，缺少关心，缺乏正常引导，可能家里不管，学校管不了。

教师小结：家长们都分析得很好，前一个案例比后一个案例处理起来要相对容易一些，只要引导孩子正确使用手机就好了。后面案例的孩子们沉迷手机，大多是因为他们在现实生活中感到空虚，很多孩子的父母不在身边，他们只能在手机的虚拟世界里寻找慰藉。很多家长对孩子沉迷手机的处理方法不当，反而加剧了这种情况。手机有"毒"，使用有度，需要用教育智慧来解决问题。

（三）倾听心声——学生辩论

辩题：中学生使用手机利大于弊（正方）还是弊大于利（反方）

播放学生辩论视频。

正方一辩：使用手机能够让学生与家长随时保持联系。当学生不在家长身边时，遇见紧急情况，可以通过手机随时联系家长；同样，家长有急事也能随时联系学生。这样，家长和学生都会相对放心一些。

反方一辩：虽然手机可以备不时之需，但是有的学生控制不住自己，天天抱着手机玩游戏。原本说只玩半个小时，却在不知不觉中玩了两个小时，占用了学习的时间。更有甚者，玩了一个白天，觉得不过瘾，晚上在被窝里偷偷摸摸地继续玩，到凌晨依然"斗志昂扬"。这样不仅影响睡眠，而且让视力急剧下降。我的一个同学原本视力正常，在暑假里控制不住自己，天天玩手机游戏，暑假后近视 300 度。这对他来说真是个玩物丧志的暑假，更可怕的是开学后他还是处于这种状态。

正方二辩：手机可以用来搜索资料，增长知识。在学习中，遇见不懂的问题可以随时随地上网搜索资料，获得更多的信息，以便更好地思考。

反方二辩：有的学生也会用手机直接搜索作业答案。这种"直接抄答案"的学习方法有百害而无一利。不知道答案是怎么得出来的，就无法真正掌握所学的知识点。平时依赖手机搜索答案，考试时就不知如何是好。没有思考的学习是无效的学习。

正方三辩：手机上有一些小功能，如计算器、天气、地图、指南针、手电筒等，可以满足需要。

反方三辩：手机上有一些实用功能，但手机也极易传播不健康信息，青少年使用手机甚至还可能会遇到手机诈骗。这些都会严重影响自己和他人的身心健康。四川有个 14 岁的中学生，在线上拉帮结派，线下打架斗殴，结果自己和同伙都被打伤，真是害人害己。有的犯罪分子利用中学生的心理弱点，实施手机诈骗。有的学生把父母辛苦攒的大学学费"送"给了犯罪分子，得知真相后，在无奈和悲痛中选择自杀……

家长讨论分享。

主持人小结：听了孩子们的辩论，我们发现，其实孩子们对手机的认识，已经比较客观全面了，也就是说孩子们心里都明白手机的利弊，关键是家校怎样引导，怎么引导孩子们合理使用手机。

关于手机问题，我做了一个问卷，其中几个问题我们一起分析一下。

（四）手机使用问卷统计分析

问卷对象是我校高一的部分学生。

(1) 每周使用的手机时间统计。（图 1-4）

(2) 手机的用途。（图 1-5）

(3) 有玩手机的瘾吗？（图1-6）
(4) 如果你是家长，请对自己的孩子提出手机管理的办法。（表1-3）

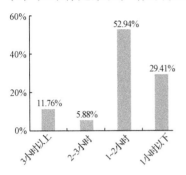

图1-4 每周使用手机的时间统计

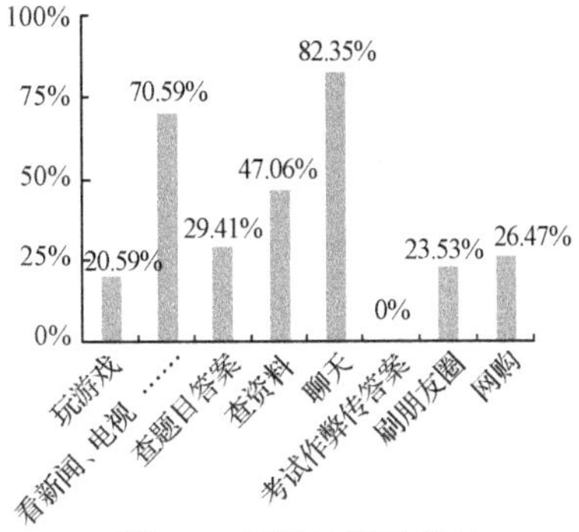

图1-5 手机的用途统计

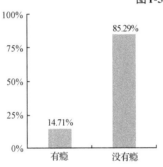

图1-6 玩手机成瘾统计

表1-3 管理手机办法

序号	办法
1	不给手机
2	控制时间
3	设置奖励机制，正确分析利弊
4	家长也不玩，多看书
5	平时收起来，周末给……

主持人小结：从问卷来看，孩子们的手机管理在家长的监督下应该整体不错，一半以上孩子每周使用手机时间在1~2小时，手机用途中聊天、看视频、查资料比重大，也符合孩子们的年龄特点，85.29%的孩子能合理使用手机，有15%左右的孩子对手机比较着迷。有意思的是孩子们通过换位思考，也能对手机管理提出好的办法，其中大部分应该也会参考自身实际，当然对家长也提出了要求——多陪伴，少玩手机。

关于手机的使用管理，有几个方面我们和家长一起重新认识。

（五）手机管理建议

教师1：关于手机的管理，教育部发布了《教育部办公厅关于加强中小学生手机管理工作的通知》，通知中指出：学校应当告知学生和家长，原则上不得将个人手机带入校园。学生确有将手机带入校园需求的，须经学生家长同意、书面提出申请，进校后应将手机交由学校统一保管，禁止带入课堂。通知明确了手机在校园的处理办法，提倡不带，有特殊情况的提出申请，经批准后可带入校园且交班主任保管。所以对于学生手机进校园的管理国家有明确的要求，家长也要了解和配合。学校也对手机进校园的管理进行了细化，制定具体办法，明确统一保管的场所、方式、责任人，提供必要的保管装置。同时设立校内公共电话或提供其他方便家长联系学生的途径等，解决学生与家长的通话需求。加强课堂管理，淡化手机的作用，让学生没有手机一样可以正常在校园内生活学习。

教师2：其实可以制定行之有效的、双方认可的家庭公约。比如，在家里设置"手机专区"。父母可以跟孩子商量，互相监督使用手机的情况。孩子放学后或者父母下班后，统一把手机放在一个地方。必须要使用手机时，需要向对方提出申请。

家长1：我们父母也应该少在孩子面前玩手机。对于成人来说，手机已经是必不可少的工作和生活工具，但还是建议父母少在孩子面前使用手机。比如可以趁孩子睡觉或者写作业时，发完所有该发的短信。在陪孩子出去玩或者家人共进晚餐的时间，最好把手机收起来，没有一个孩子喜欢父母在陪自己的时候经常被手机打扰。

家长2：我觉得不要把手机作为哄孩子或者奖赏孩子的工具。在睡前1小时内不要让孩子接触电子设备。每天晚上睡前使用手机会降低睡眠质量。

家长3：我们可以帮孩子选择接触的内容。对于大多数仍处于未成年的高中学生来说，家长更应该扮演好"把关人"的角色。一定要帮助孩子辨别暴力及情色内容并指导处理方法。

教师3：家长还可以多陪孩子参加户外活动。父母只要有时间，就要多带孩子出去玩，一定要走出去参加户外活动。逛公园、跑步、跳绳、打篮球……让孩子有更多的时间呼吸新鲜空气，同时，也让他的精力得到充分释放。孩子的天性就是爱玩，只是智能电子设备制约了孩子的全面发展。电子产品给孩子带来的快乐是暂时的，当孩子在真实世界里得到了快乐，哪会沉迷电子产品呢？

五、活动总结

在这个信息时代,我们所有人需要重新认识手机。如果我们把手机视为"洪水猛兽",只要看到孩子拿手机就生气,那么我们和孩子之间的矛盾就会越来越深。慢慢长大的孩子,也期望得到父母的理解和信任,渴望独立和自由,排斥来自父母的强硬管教。所以,当发生手机争夺战的时候,作为父母最需要的是冷静,学会客观看问题,努力和孩子一起寻找解决的方法,而不是一味地责备孩子。和孩子共同讨论立下规矩,家长严格执行,长此以往孩子就会形成好习惯。

比尔·盖茨曾说过:"要远离'奶头乐陷阱'。""奶头乐陷阱"指令人沉迷的消遣娱乐和充满感官刺激的产品,例如,网络、电视和游戏,填满人们的生活、转移其注意力和不满情绪,令其沉浸在"快乐"中不知不觉丧失对现实问题的思考能力。防止孩子陷入"奶头乐陷阱",就要让他们有节制地使用手机和电脑。手机使用需有度、有法,家庭、学校、孩子之间有一个很好的相互促进、相互配合、相互成就的关系和共识,有些好的对策也需要在实践中摸索。让孩子拥有进步的理念,进取的态度。

本次家长沙龙活动推荐阅读书目

关承华《别和青春期的孩子较劲》

劳动臻善品质，躬行铸就人格

——家长沙龙之劳动教育

一、活动背景

劳动是人类社会存在和发展的基础，是人类特有的基本社会实践活动，是一切幸福的源泉。劳动教育对实现人的全面发展具有独特的作用，是社会主义道德教育的重要内容，更是学生成长成才过程中不可或缺的环节。

2018年9月10日，习近平总书记在全国教育大会上强调："要在学生中弘扬劳动精神，教育引导学生崇尚劳动、尊重劳动，懂得劳动最光荣、劳动最崇高、劳动最伟大、劳动最美丽的道理，长大后能够辛勤劳动、诚实劳动、创造性劳动。"

2020年3月20日，中共中央、国务院印发了《中共中央 国务院关于全面加强新时代大中小学劳动教育的意见》，为构建德智体美劳全面培养的教育体系，加强新时代大中小学劳动教育指明了方向。

因此，高中阶段的劳动教育是素质教育不可缺少的组成部分，实施素质教育必须抓好劳动教育，换而言之，没有劳动教育的教育是不全面的教育。而不全面的教育就谈不上培养人格完善、全方面发展的"人"，两者是有机的结合体。如今，仅仅依靠学校的劳动教育不足以培养学生的劳动习惯和劳动品质，更需要家校合作。因此，在家校沙龙中设计这样一个主题活动，让家长意识到家庭劳动教育有助于学生更好地贴近生活、健全人格，教给家长一些劳动教育的方法和策略，帮助他们在劳动教育中与学生进行沟通。

二、活动目标

（1）认知目标：使家长知道良好的家庭劳动教育能起到德育效果，引导学生将劳动作为自我的生活方式。

（2）情感目标：使家长在活动中感知家庭劳动教育对于推动学生自我精神全面成长的重要性。

（3）行为目标：帮助家长了解家庭劳动教育的正确方式，学习良好劳动教育的技巧和策略。

三、活动准备

（1）收集家庭劳动教育的典型案例。

（2）让学生预先采访不同的劳动人民。

（3）制作PPT及劳动计划书。

四、活动过程

（一）导入

教师：各位家长，大家好！如今，应试教育仍然占据着主导地位，忙于应试导致同学们的劳动时间很少，劳动课程比重也很小。这对学生的精神成长危害极大。另外更值得关注的是，"劳动"一词在家庭中也被日趋淡化，同学们在家中更多的是在享受，没有劳动的实践和劳动的体验。有些小学生拿到水煮鸡蛋竟然不知该如何吃；有些学生十几岁还不会系鞋带；到了高中，许多学生不会收拾桌子、洗衣服，有的甚至不会用拖把，生活自理能力极差。这种状况实在堪忧。因此，在家庭中开展劳动教育是帮助孩子增强自理能力的重要途径，这里面有很多值得我们讨论的问题，今天我们就通过这个活动来共同探讨：如何让学生爱上劳动？如何通过劳动完善他们的品格？

（二）情境再现

最近小张的妈妈工作压力特别大，小张观察到了。某天，小张回到家后对妈妈说："妈妈，今天我来烧饭洗碗吧！"妈妈不耐烦地说："你不行的，别捣乱了，还是我来吧，你就等着吃饭！"小张落寞极了，回到房间就流下了眼泪，心里想：_____。

家长分组讨论：小张心里在想什么？你如何评价小张妈妈的处理方式？

家长1：小张心里肯定会想："谁说我不行的，明明你们不在家的时候都是我自己解决的，而且不会的我可以学啊！"看了这个案例我真的惭愧，我也拒绝过孩子关于做家务的请求，总觉得他们还没有能力干这些家务，总想让他顾好自己就行。

家长2：我要反思，我总觉得对孩子来说学习是第一要务，做这些家务活会影响他的学习。但是现在想想，也许从孩子的角度出发，他想通过劳动来为这个家庭做些自己力所能及的事情。

家长3：小张妈妈不应当直接拒绝孩子的劳动请求，这样会让孩子怀疑自我，甚至厌恶劳动。

教师小结：家长们说得都很好，我们需要给学生以劳动的机会和信心。假如我们培养的是一代"四体不勤，五谷不分"，肩不能挑、手不能提，弱不禁风的"公子""小姐"，那他们何以担当建设社会主义事业的重任？他们想干、能干，我们要给他们体验劳动的机会，而不是一棒子打死——认为他们现在不会劳动，甚至认为他们现在根本不需要劳动。乌申斯基曾说："劳动是人类存在的基础和手段，是一个人在体格、智慧和道德上臻于完善的源泉。"所以，学生进行劳动是他们参与生活的一种方式，我们不能剥夺学生参与劳动的机会。这种有劳动参与的生活不仅有助于其身体和智力的发育，更有助于其道德的完善。

（三）劳动内涵的延伸——由自我走向广阔社会

教师：其实对于劳动话题，我预先让班里学生分组做了一个专题采访，采访对象有劳动委员、保洁奶奶以及班主任。我们一起来看他们面对社会中的劳动人群有哪些话想说，完成这次采访又有什么感想。

播放视频：

小组1（采访对象为劳动委员）：我们组采访的是班里的劳动委员。劳动委员是班委会成员之一，主要负责计划并组织实施大扫除、中扫除、小扫除，管理好班级的劳动实践活动。根据需要积极指导同学们开展劳动，并就上述活动的完成情况向老师特别是班主任汇报。

这次采访让我特别有感触，他说劳动过程中必然会有辛苦相伴，可是我们所有的同学从未抱怨过，我们一起劳动，边劳动边聊天，就算是活脏了点、累了点、苦了点，欢笑声也一直伴随着我们，谁都感觉不到累。与此同时，小组工作也培养了大家的合作精神，增强了大家的集体感。

小组2（采访对象为保洁奶奶）：学校的保洁奶奶是我们接触最多的劳动者。她说学校最重视保洁服务质量，根据学校制定的保洁工作标准要求，她认真按照流程来完成每一个环节，并每月不定期对各区域保洁员工作情况及保洁质量进行抽查，不论保洁区是大是小，都要求保洁员行动一致、标准统一。而每个楼层的责任人都必须认真地记录工作情况，根据工作情况记录来掌握工作进度和质量状况,做到心中有数,有据可查。

因此,我最大的感触就是劳动要有标准,要合乎职业规则。同时,我们也要珍惜这些学校服务人员为我们创造的良好的学习环境,评价自己的劳动能力和劳动水平,从而提升自己的值日质量。

小组3(采访对象为班主任):我们班主任说她每天劳动的核心内容就是抓好班级常规工作。各项常规工作规范化、制度化,管理人、责任人、实施人落实到位,让我们每个人各司其职,奖惩分明,她的劳动重点在于学生文明行为培养、创新精神和实践能力的培养。

班主任还分享了她曾经的志愿者经历,我突然感悟到劳动精神是可以传递的,我们可以通过自己的努力和付出去感染其他人。

教师:看完视频,我想再次让大家来讨论一个话题,即同学们是否需要劳动,参与劳动对他们来说有什么意义?

家长1:看完同学们的采访,我很有感触,甚至开始反思自己。我们的孩子处在一个处处是劳动的社会,劳动能够让他们珍惜人与人之间的关系和情感,甚至自觉地对标找差距。所以参与劳动对于他们来说是必要的,一个不爱劳动和不会劳动的人如何能面向未来?

家长2:听了三组的采访以及大家的讨论,我发现如果孩子们逃避或干不好日常生活中力所能及的劳动,是因为他们缺少家长的提醒,他们不仅是学生,更是"社会人",劳动能帮助他们形成社会责任感,提升他们的道德判断力。

教师小结:家长们,教育家苏霍姆林斯基曾说过:"劳动的崇高道德意义还在于,一个人能在劳动的物质成果中体现他的智慧、技艺、对事业的无私热爱和把自己的经验传授给同志的志愿。"学生们在不同的年龄阶段会涉及不同的劳动范围,对现在的他们来说劳动是"值日""做家务"等,劳动是一种生活方式、生存状态,简单而纯粹。以后,劳动可能会是"志愿""职业""梦想",对以后成熟了的他们来说,这时候的劳动更多的是一种寄托理想的载体,随着认知和职业活动的深入开展,劳动的意义不断被延伸了,而且,是所有劳动者构成了这个社会的顶梁柱。

(四)家庭劳动教育的技巧与策略

教师:家庭中的劳动教育需要有规划和策略,要让学生在自我、家庭、学校与社会四重范畴中,找到劳动的意义,最终将劳动作为自我的生活方式,通过劳动体验,实现自我的全面成长。让他们能够从不成熟走向完善,从自然走向社会，从个体走向群体。

活动一：亲子共同制订劳动计划

教师：我们可以计划书的形式对学生们在家庭中应当完成的劳动进行一个阶段性的规划，我们的家校劳动计划书分为计划内容、计划目的两个部分。请大家按这两个部分列出计划书应有的内容。

家长1：计划内容可分为常态化活动与非常态化活动两部分。常态化活动主要分为日常孩子能够完成的劳动行为，比如打扫卫生、学做饭等；非常态化活动则可以在节假日带领孩子参加力所能及的家务劳动，可组织孩子向家长学一种劳动本领，开展主题为"我学会了……"的活动，扩大孩子的劳动范围。

教师补充：常态化的劳动行为就是"自我服务"。学生住校之后，个人卫生、内务整理等都需要自己来完成，有的同学从来没有洗过衣服、袜子，也没有叠过被子。住校正是学生学会自己做事的绝好机会，不仅能使学生树立正确的劳动观念，还能培养学生独立生活的能力，更能促进学生独立性的形成和发展，使学生减少对家长的依赖，养成好的劳动习惯，成为独立的社会成员。

家长2：随集体参加公益劳动也是增强孩子劳动意识的一种途径。家长可以在天气晴朗时带孩子参加学校或社区组织的一些公益活动，例如，参加春天的植树、夏天的灭蚊蝇、秋天的除草、冬天的扫雪等活动；也可以带孩子照顾附近的孤寡老人、军烈属；让他们为邻居做些力所能及的事情，以此来培养孩子的劳动习惯。

家长3：计划的关键在于我们要放手让孩子参加劳动，培养劳动兴趣，端正劳动态度，培养劳动习惯。通过多样化的劳动形式，培养孩子多样化的劳动能力，而且使他们懂得劳动是为人民服务，为社会做贡献的道理。

教师小结：学生有计划地进行劳动能营造和谐的家庭氛围，家长们也要注意身教重于言教。家庭是第一个课堂，父母则是孩子的第一任老师，父母对学生的教育是至关重要的。家长必须意识到劳动对学生成长的重要性。研究表明，早期的经验会影响人的一生，一个生活在热爱劳动、崇尚劳动的家庭氛围中的学生，自然也会受到积极影响，自觉地以父母为榜样。应多让学生进行力所能及的劳动，不断增强其劳动意识，树立正确的劳动观。因此，在培养学生劳动品格的时候，学生也不是孤立的个体，在你们共同完成一项劳动任务，共同完成一个社会性的志愿项目时，你的"劳动模范"作用就会最大化，亲子之间的关系就愈发牢固，共同参与劳动能够

一、慧心家长篇

传递快乐、建立情感关联。

活动二：家庭成员共同制定劳动成果的评价标准

教师：正如同学们所感悟到的那样，劳动需要评价，在家的劳动实践应当由家长给予评价。那我们怎么来制定家庭内部的评价标准呢？大家分组讨论，互相补充，由一人记录。然后今天回家和孩子们一同商定并罗列在"×××劳动计划书"的背面。

组1：首先，孩子们需要自我评价，他们需要对自己的思想、愿望、行为和个性特点先进行判断和评价，如果这个劳动计划行之有效，那它一定是在充分了解自己的基础上制订的。要认识自己、了解自己、知道自己的劳动需求是什么，自己的劳动能力有多强，掌握的劳动知识有哪些，面对困难自己会怎么处理，等等。

组2：我们组觉得树立正确的劳动观念后，实践是最重要的，家长需要监督和帮助孩子们学习劳动技能，然后孩子们可以通过实践来提高自己的能力。认为孩子"不行"是错误的观念，其实孩子们也可以通过学习正确的方法来为家人做一顿饭，洗一次衣服。

组3：家长们要竭力帮助孩子们学会生活中常用的各项劳动技能，孩子们也要有自己的目标。树立正确的劳动目标也是评价孩子劳动能力的重要项目。具体的目标能够为孩子指明需要哪些方面的努力和需要多大的努力，来调控自己的劳动行为，比如孩子说要为家人烧饭、洗衣服，那他的目标是什么？他闹着要去做疫情防控志愿者，在门口给大家测体温，这时他的目标又是什么？这需要明确。只有帮助他们制定短期目标和长期目标，他们才能不断地在劳动中有成就感和获得感，不断激励自己。

组4：的确，我补充一下，孩子们更需要阶段性的目标，完成相应的劳动任务，然后才能走向广阔社会，为他人做些什么。他们要对自己的劳动有数量判断、质量判断，更要有价值判断。

教师小结：相信大家通过这次沙龙活动一定收获颇丰。家长们应当恰当地运用各种手段和评价标准，通过丰富多彩的活动，把培养学生劳动态度、劳动习惯与家庭各项活动紧密联系，而不是空洞地说教；以激励为主，逐渐建立精神奖励的机制，而不是将劳动作为惩罚手段。这样可以有效地端正学生的劳动态度，培养良好的劳动习惯。数量判断、质量判断和价值判断，旨在使学生端正劳动态度，认识到劳动是高中生必不可少的一种生活状态，并且逐步养成良好的劳动习惯，通过劳动实践，"臻善品质，铸就人格"。苏霍姆林斯基曾言："劳动是有神奇力量的民间教育学，给我们开辟了教育智慧的新源泉。这种源泉是书本教育理论所不知道的。"我坚信,当孩子们学会付出汗水,才能获得用心灵去认识周围世界的能力,作为家长,也应当坚信,当我们合力把劳动教育从理想落实到现实,就会产生神奇的教育力量。

本次家长沙龙活动推荐阅读书目
赵荣辉《劳动教育及其合理性研究》
孙仲仪、高天《学生热爱劳动教育与班级主题活动》
斯瓦德科夫斯基《儿童的劳动教育》

半亩方塘一鉴开

——亲子阅读的困境与突围

一、活动背景

亲子阅读是家庭教育中极为重要的活动，是亲子沟通不可或缺的手段，也是在潜移默化中建立良好亲子关系的途径。关于亲子阅读的必要性，绝大部分人认为它体现在幼儿、低年级儿童身上，认为通过亲子阅读可以有效提升儿童的认知、情感、思维、协调等各方面的能力。诚然，低龄阶段的亲子阅读活动为人们所接受，自古以来就流传不少类似"画荻教子"的读书故事，社会上也随处可见这种亲子阅读活动。

然而，亲子阅读在高中生家庭教育中的作用往往被忽视，主要原因在于高中生思想开始走向成熟，有独立思考的能力，不再接受单一的"传授式""播音式"的亲子阅读，家长也认为没有必要再陪孩子读书。然而，高中生处于青春期，世界观、人生观、价值观还未完全形成，思想将熟未熟，很不稳定，但同时又具有强烈的、主动的求知欲和交流欲，愿意发表看法，渴望与人交流思想。此时，亲子阅读是帮助孩子树立正确的价值观的重要契机，我们要摆脱亲子阅读在低龄阶段的单一形式，探索符合高中生身心特点的亲子阅读形式。

二、活动目标

（1）认知目标：充分认识高中阶段亲子阅读的必要性，在亲子阅读中潜移默化地促进孩子青春期思想的平稳转型。

（2）情感目标：感受到亲子间思想碰撞和情感交流带来的愉悦，了解彼此丰富的情感世界。

（3）行动目标：辨析亲子阅读行为中的错误指导，掌握亲子阅读的有效方式。

三、活动准备

调查采访曾经有亲子阅读习惯但不再进行亲子阅读的学生以及仍保持亲子阅读习惯的学生，收集亲子阅读的典型案例，比较两类学生不同的体会，观察两类学生的不同表现。

四、活动过程

（一）导入

教师：各位家长，我们既是子女，也是父母，应该体会过一种双重的幸福：父母曾给我们读过书，我们也给子女读过书。美国教育家吉姆·崔利斯的《朗读手册》上说："你或许拥有无限的财富，一箱箱的珠宝与一柜柜的黄金，但你永远不会比我富有——我有一位读书给我听的妈妈。"我们或许有一位这样的妈妈或爸爸，我们也可能是一位这样的妈妈或爸爸，我们的精神无比富有。然而，现在孩子已经读高中了，仍然享有这种精神财富的人有多少呢？我们的亲子阅读是不是随着孩子渐渐长大而逐渐废弃了呢？如果是，那么我们正从幸福、富有走向了不幸、贫瘠，这是多么可怕的事情。今天，让我们重新认识并拾起这种幸福。

（二）你读我读

契诃夫说过："告诉我你读的是什么书，我就会知道你是怎样的人。"在平时的亲子沟通中，亲子双方常常抱怨对方不懂自己，家长埋怨孩子不懂自己的苦心，孩子抱怨父母不理解自己。那么，通过比较双方读过的书目，可以了解双方感兴趣的地方分别在哪，双方的交集又在哪。基于这个想法，家长可以和孩子开展一个有关亲子阅读的游戏——"晒书皮"，即晒一晒自己所知道的书名、作者名字，游戏程序如下。

（1）家长和孩子接龙说自己所知道的古今中外的作家、科学家、文化名人（不包括娱乐明星）的名字，看谁说得多。限时 5 分钟。

游戏规则：亲子双方自行决定由谁开始，每人每次限说一个真实存在的人名，已出现过的名字不能重复；如对名字有所怀疑，可以质疑对方并要求其做出解释；10 秒内不能接龙者视为失败一方；游戏限时 5 分钟，不足 5 分钟而中断时，游戏结束，双方进行点评。

约 5 分钟后。教师：大部分亲子组合已经结束了游戏，我们来看看其中一对母女所举文化名人。

一、慧心家长篇

家长：张爱玲、杨绛、钱锺书、戴望舒、舒婷、安徒生……

孩子：欧阳修、王安石、孙犁、鲁迅、朱自清、余秋雨……

教师：请妈妈评价一下女儿的表现。

妈妈：我女儿反应速度比我快，知道的古今中外名人还真不少，很多名字我都没怎么听说过，什么薛定谔是科学家我都不知道，只见网上说什么"薛定谔的猫"。她正在上高中，知道的人物各方面的都有，我说的都是老掉牙的名字，这一点我觉得我女儿还是不错的，这都归功于她在学校持续阅读和学习，我能想出这么多就不错了，就不追求质量了。

教师：也请女儿评价一下妈妈的表现。

女儿：我妈妈其实知道的也很多的，只是游戏规则不能重复人名，我相信我知道的我妈妈也是听过的，这也得益于我妈妈有较好的阅读习惯。我说的也是课本中提到的名家，真正知道的也不见得比我妈妈多，我妈妈外国的名著看得比我多，我要多向她学习。

教师：母女俩在这么短的游戏时间能想起这么多人名真厉害，可见我们的家长和孩子都有可观的阅读量和良好的阅读习惯。更为重要的是，母女俩都认识到了对方的优点和自己的不足，对对方表示赞赏，这一点十分可贵。那么，接下来我们开展游戏的第二步。

（2）家长和孩子分别列出一份自己读过的书单，然后比照两份书单内容，看看有什么发现。

游戏规则：家长和孩子各拿到一张A4纸，限时5分钟，互不干预，写下相关书名，看谁写得又多又准确。

计时结束后，亲子双方将两张A4纸并列展示，双方共同统计并分析相关内容。

游戏结束。教师：请完成游戏的亲子开始比照两人列出的书单，看看有多少是相同的，这里面又有多少是亲子一同阅读的书目。结束之后请家长和孩子先后发表感言。

家长2：我和我女儿的书单相同的内容不多，只有《我们仨》《围城》《明朝那些事儿》《万历十五年》《三体》《朝花夕拾》《呐喊》《彷徨》《西游记》《红楼梦》《小王子》这几本，其中有一部分是我们家里有的，但我们真正一起读的只有《小王子》一本，这还是她很小的时候我读给她听的，她学习了拼音后也给我读过。不过，大部分书是我们各自抽时间读的，不是一起读完的，交流讨论也比较少。

孩子2：我写的书单里有不少我妈妈给我读过的，她看到我书单之后才想起来,比如《安徒生童话》《格林童话》《青蛙弗洛格》《唐诗三百首》《中华成语故事》。这似乎都成了遥远的记忆,原因可能是大人潜意识里不会把这些当作"书",但我还是能想起我小时候进行亲子阅读的美好画面,感谢妈妈。

教师:好的,谢谢!看来家长和孩子都有过亲子阅读的经历和体会,但是家长和孩子的体会是很不一样的,家长想起亲子阅读的画面一定很有感触,孩子也一定把那个美好的画面深藏在记忆中。然而,随着孩子的成长,亲子阅读离我们大家越来越远,以至于家长想不起那些书,孩子虽然依然能想起那些书籍,却很少有机会在高中保持这样的活动。那他们究竟是遇到了什么困境呢?想必经过刚刚的游戏,家长和孩子都有了深刻的思考,我们就分别请孩子和家长来谈谈。

(三) 读你读我

孩子1:说到亲子阅读,我深有感触。我与爸爸之间的共读开始于多年以前,也许我只有几岁,他每天都读上一本像《青蛙弗洛格》这样的绘本,我小学后,爸爸推荐我看易懂又有益的书,我很怀念那时候我们一起看《宝葫芦》的情景。小学高年级又一起听刘心武先生的"红楼梦讲座",一起听易中天品三国,听蒙曼讲武则天。初中以后共读的内容变得枯燥起来,却有了思想碰撞。高中以后,课业繁重,无法进行分段共读。电子书泛滥,我再不能沉下心来读纸质名著,且高中生独立性较高,甚至可能觉得亲子阅读的方式有点幼稚,与此同时,家长也可能认为孩子已有独立阅读能力而放弃阅读中的陪伴。

孩子2:客观原因是在校时间长,在家时间短。平时在学校一天大约14~15小时,若住宿则一周只有不到一天时间与亲人共处,通常也有其他的家庭活动安排,留给亲子阅读的时间很少。在这样的情况下,我们的精力都放在更重要的事情上,家长完成工作遗留任务,孩子完成作业、复习,在"内卷"的社会,亲子阅读并不是首要的事项,我们更倾向于投入"更有效"的事。主观原因是我们十六七岁的青少年大多还处在叛逆期,需要自己的空间。阅读是个人的事情,阅读品位不同,会大幅降低亲子阅读积极性,父母或孩子没有阅读习惯的话也难以通过亲子阅读增进感情,再加上娱乐之风盛行,闲暇时间都被用在追剧上了。

孩子3:我认为亲子阅读的困境首先是时间和空间的限制,进入高中后很难有精力与家人共同阅读。其次是俗称的"代沟"。举个例子,我比较喜欢剧本杀，但我爸爸无法理解剧本杀为什么有这么大的魔力，我自然无法说服他。亲子关系的疏远也是一大困境，进入高中，我们和父母的交流变少，我们变得不愿和父母分享心事，在这种情况下要培养亲子阅读习惯几乎不可能。

家长1：我们确实忙于工作，很少有机会进行亲子阅读。更关键的原因在于孩子小时候我们进行亲子阅读的主要目的是培养孩子基本的阅读能力和认知能力，现在孩子长大了，就觉得亲子阅读没必要，孩子也排斥。

家长2：时间是一方面，不过时间挤挤总归还是有的，主要是我觉得亲子阅读的方式，如果还像小时候那样给他读，确实没必要。但要想出什么好的方式，让孩子也愿意参加，这就为难了。

教师：我们聆听了孩子和家长的真心话，确实各有各的难处。面对这些困境，我们可以先达成一些共识：第一，客观原因主要是双方时间太少，但合理安排还是有空进行亲子阅读的。基本上一周能抽出1小时的相处时间来阅读，再退一步，寒暑假总是有时间的，孩子小时候家长能从百忙中抽时间，现在孩子大了应当也是可以的。第二，主观上，主要是亲子阅读方式不当导致尴尬，那么可以商议以合适的方式进行。此外，亲子阅读的目的不再是培养孩子的阅读能力，而是进行思想和情感的交流，这对高中生尤其重要。如果能达成共识，我们接下来就重新拾起亲子阅读2.0版本吧。

（四）你我共读

教师：亲子阅读是从小培养孩子阅读习惯的重要方式，同时也是父母与孩子增进感情的重要渠道，对于不同年龄段的孩子应当采取不同的形式。针对逐渐成熟的高中生，开展亲子阅读不必拘泥于父母与孩子同时同地阅读同一本书的形式，双方可以在一段时间（如一周）内各自挑选自己喜爱的书籍分别进行阅读，再于周末进行交流。交流的方式也不局限于面对面的交谈，微信聊天等方式可以进一步消解尴尬，加深双方的理解，改善亲子关系。

教师：现在请各位展开亲子讨论，充分分析我们遇到的困境，针对困境提出解决方案。

亲子讨论（略）。

经讨论，得出新情境下的亲子阅读策略。

（1）亲子双方根据自己所知书籍，构建一个家庭图书角。

在家庭亲子图书角（可以是书架一角），摆上双方都爱看的书或者推荐给对方的书。也可以不拘泥于物质形态，建构一个虚拟的亲子图书馆。完善上面"晒书皮"游戏中的书单，双方交换书单，共同拟出一个亲子阅读书单。设置亲子图书馆馆长、馆员（可以包括更多亲人），制定亲子图书馆管理办法和细则。

（2）在虚拟图书馆定期展开演讲、讲座、讨论会、书展等活动。

（3）积极创办并运营亲子图书馆微信公众号，对亲子阅读活动进行记录和分享。亲子阅读活动丰富多样的形式可以避免枯燥无味甚至尴尬的面对面式阅读。

（4）不同家庭的亲子图书馆进行馆际交流，如互相关注微信公众号和转发文章，互相参与讲座、讨论会等。

教师总结：对于高中阶段的亲子阅读来说，我们应该做到内容大于形式，要选择恰当的内容。我们愿意与父母一起翻看相册，是因为相册中有我们共同的记忆，这种名为"回忆"的东西就是亲子之间的纽带，我们能在其中找到自己，找到那份温情。阅读也是这样，我们要找到与家人共同爱好的书籍，一起阅读这个世界，探讨对事情的看法。我们甚至不需要拘泥于形式，转而将阅读融入生活，这样的亲子阅读不在于次数的多少，而在于双方全身心地投入。如果有一天，我们的孩子想起和父母一起阅读的不止幼时的绘本，能骄傲地认为自己的思想受到了父母的启迪，那该多好；如果有一天，我们家长想起和孩子一起阅读的不止绘本，我们还曾经和孩子忘我地、平等地、严肃地探讨某部书，那该多骄傲！

亲子阅读貌似是"奇文共欣赏，疑义相与析"的知识教育问题，但本质上是一个德育问题，是亲子教育的集中表现，正如约瑟夫·奇尔顿·皮尔斯所言："亲子教育是在家庭成员的互动中发生的；真诚地相处和生活在一起所带来的活力和喜悦，是灌输、说教和命令的方式所无法带来的。"亲子阅读就是最好、最真诚的精神相处方式，在家庭德育方面最具有代表性和普遍性。

本次家长沙龙活动推荐阅读书目

德·亚米契斯《爱的教育》

爸爸不缺席

——家长沙龙之父亲陪伴

一、活动背景

家庭教育是立德树人的基础，是一个孩子成长的底色。《人民日报》发表《教育改革要从家长教育开始》指出，家长对孩子的言传身教往往体现在非智力因素方面，家长们对此不够重视。只有改变家长的教育方式，中国的教育才会有根本性的改变。

父亲作为家庭教育的重要责任人，起着不可替代的作用。如今流传着这样一句话："最好的家庭教育是'爸爸不缺席，妈妈不焦虑'。"爸爸的陪伴对孩子的成长至关重要，然而受传统思想的影响，加上父亲往往承担着作为家庭经济支柱的责任等现实原因，在不少的家庭中，爸爸常常是缺席的。缺席并不是说他们不存在，而是指他们作为父亲做得还不够好，更有甚者，主动或被动地成了家里的隐形人。为平衡家庭系统，学校开展慧心家长系列活动，其中"爸爸不缺席"主题沙龙活动是我校家校共育的品牌，旨在引导爸爸回归家庭，参与孩子的教育，充分发挥西交附中爸爸的示范引领作用。

二、活动目标

（1）认知目标：帮助爸爸们了解孩子，了解自己，认识到父亲的陪伴和关心对孩子成长的重要影响。

（2）情感目标：通过探讨学习，激发爸爸们参与家庭教育的热情。

（3）行为目标：帮助爸爸们学习提升与孩子沟通的方法，掌握沟通的有效方式。

三、活动准备

PPT、签到表、4K 纸、彩笔，提前收集爸爸们在亲子关系中的困惑。

四、活动过程

（一）导入——你对孩子了解多少？

教师：各位家长，下午好。欢迎参加慧心家长沙龙活动，慧心家长系列活动是我校省级品格提升工程项目的内容之一。本期，我们的话题是"爸爸不缺席"，旨在引导爸爸们参与到孩子的教育中。参加此次沙龙的还有我校分管德育的钱明坤副校长，德育处夏勤主任以及各班班主任，请大家掌声欢迎。

在学校的各种活动中，我们常常看到的是妈妈们的身影。今天，在家庭教育指导中心有不一样的风景。很难得看到有一群爸爸聚在一起，有很多爸爸特地请假来交流教育孩子的经验。在前阶段的调查中，我们发现各位主要有以下困惑（PPT 展示）：

与孩子沟通较少，作为父亲，如何能有效地与孩子进行沟通、良性互动？

孩子自我期望高，如何引导孩子来调整？

孩子的兴趣爱好与今后大学专业如何结合？

孩子遇到问题喜欢狡辩，找理由怎么办？孩子比较消极，怎样改善？

孩子学习效率不高，爱磨蹭，如何改善？

孩子偏科，对弱项科目提不起兴趣，从家长角度如何激发孩子的学习内动力？

高中期间如何陪读，如何减少不良情绪对孩子学习的影响？

我们看到大家提出的困惑主要包括亲子沟通，生涯规划和学习指导这几个方面。先把这些问题放一放。我想先问一下在座的各位爸爸，你觉得在家里管孩子的时间比太太多吗？你们了解孩子吗？请爸爸们自我评估，对孩子非常了解的打 10 分，对孩子完全不了解打 0 分。请在 0 到 10 分之间为自己打分。完成自我评估后，我们邀请几位家长聊一聊。

家长根据自己对孩子的了解程度举手示意，几位家长分享。

家长 1：我平时主要管孩子的学习，妈妈负责生活方面。我经常为孩子加油打气，尤其是备考时，我管得多一些。我觉得我对孩子的了解在 6 分左右。

家长2：孩子小的时候我管得多，虽然过程有一点痛苦，但我也从中体会到了乐趣，现在主要是妈妈负责。我对孩子的了解在7分左右。

家长3：听了前两位爸爸的分享，我很惭愧。平时忙于工作，孩子进入高中后，我们见面越来越少，沟通也少了。现在孩子做什么、想什么，我都不了解。我给自己打了2分。

教师：好的，感谢几位的真诚分享。今天到场的大多数爸爸对孩子都有一定的了解。接下来，我们通过快问快答的方式来看看各位爸爸，是否真的了解孩子，知晓孩子在生活、学业、心理等方面的情况。

PPT展示题目：您孩子年龄、身高是多少？有什么爱好？喜欢吃什么？他（她）和你有共同进行的活动吗？谁负责管理他的生活起居？老师眼中的他（她）性格怎么样？你眼中的他（她）性格怎么样？他（她）情绪不好时愿意和谁交流？他（她）与同学关系怎么样？他（她）对什么最在意？他（她）好朋友的名字叫什么？

过程略。

教师：好的，在刚刚的活动中，我们把问题分为三类。生理、生活方面，学业成绩方面和心理方面。孩子慢慢成长，家长越来越关注他们的学业。现在他们进入了高中，家长们不仅仅要关注孩子生活起居、学习成绩，还要了解他们的心理、情绪，这样，我们对孩子的帮助会更有效。所以，在孩子的不同成长阶段，家长们要有不同的关注点。

（二）头脑风暴——孩子有哪些需要？

教师：那么问题来了，大家了解目前阶段孩子有哪些需要、哪些困惑吗？我们请家长分为三组，进行讨论，每组派一位代表分享。

家长4：我们小组觉得孩子需要强大的精神支撑、稳定的生活环境、合理的课外活动安排。

家长5：我们觉得孩子第一是希望有时间多运动，第二是对于成绩波动较大的学科的学习，希望得到科学的指导，第三是不知道如何平衡学业和兴趣。

家长6：孩子需要得到更多关注，他们不知道如何自主规划学习和生活，不知道如何制定目标并有效行动。

教师：爸爸们太棒了，都能从孩子的角度去理解他们的需求和困惑，再回看最初的困惑（PPT展示）。爸爸们的困扰，有些正是孩子的困扰，他们未必不想做好，而是不知道如何做。作为家长，第一步要了解我们的孩子,他们真正需要的是什么。如果我们不知道孩子真正需要的是什么,花再多时间,也难以达到良好的教育效果。所以,了解孩子的需求、困惑是首要之事。而后,我们才知道如何去帮助他们。

现在,请各小组在桌上的纸的左边写上刚刚讨论的孩子困惑或需求,也可以继续扩充,在纸的右边写上你们头脑风暴想出的解决方法。例如,家长可以通过哪些方法帮助孩子自主学习?请家长们讨论。

每个小组领取纸张和彩笔,交流讨论,并总结在纸上。

教师:讨论时间到,每组代表分享我们刚刚讨论的问题和方法。

家长7:我们的问题是如何帮孩子缓解孩子学习压力。我们的方法有如下几点,供大家参考。一是在家的时候给他喘息的时间;二是倾听孩子的心声,让他把压力释放出来;三是与他一起探讨学习的目标,看是否需要调整,降低期待,寻找平衡点。

家长8:我们的问题是如何帮助孩子树立自信。我们的方法是鼓励孩子多沟通,多交流,给孩子提供展示自我的机会;及时鼓励孩子,多找找孩子的优点,多夸夸孩子。

家长9:关于如何让孩子自信,我们组觉得父母降低期望也很重要,多看到他的优势,而不是只关注缺点。除此以外,孩子不知道如何结合自己的兴趣和学业,对未来进行规划,我觉得家长可以与孩子分享自己的成长经历,或许我们个人的经验可以给孩子一些启发。同时,也可以带他去体验他感兴趣的职业,有真实的感受才能做出更恰当的选择。

教师:非常感谢爸爸们分享这些有效的解决问题的方法,很具体,很实在,为你们点赞。

(三)观照自我——了解自己对孩子的影响

教师:了解了孩子,我们才能有针对性地帮助他。但是了解孩子就能教育好孩子吗?还有一个很重要的问题,爸爸们是否了解自己呢?现在我们请每个人用两到三个词评价自己。

家长轮流说出自己的特点:努力、开朗、急躁、勤奋、自律、开明、自信、坚持、包容、敬业、倔强、乐观、固执、平凡。

教师:我们每一位家长都不一样,你的不一样对孩子有什么影响呢?例如,你的性格、职业、和孩子相处的时间、和孩子相处的方式,你的养育观……你的方方面面会给孩子带来什么样的影响?请家长们讨论。

家长讨论、分享。

家长10：我们组的大多数家长是有时间的，能够给予孩子有效的陪伴，比如带他一起打篮球。

家长11：我们组的第一位家长坚持不懈，带孩子一起锻炼；第二位家长有自律的可贵品质，有明确的目标，这和他的职业也有关。他常能与孩子一起分析其优劣势，协助孩子设立目标，并将目标分解，分阶段完成。第三位家长有包容心，因为妈妈管得比较严，常在中间调和。第四位家长呢，有用时间管理和团队合作的经验，能帮助孩子树立远大的目标，引导孩子如何与别人相处。

家长12：我们小组主要是用自己的努力给孩子树立榜样，做好自己的工作，给孩子做示范。

教师：孩子的成长和自己有关，和爸爸有关，和他成长的环境有关。了解孩子，是养育孩子的基本要素，了解自己，是亲子沟通的基础。除此以外，了解周围资源，为孩子创造良好的成长环境也非常重要。

（四）家长分享收获

教师：养育孩子是一项长期的工作，想要做一个好爸爸，并不是一件容易的事。做一个好爸爸需要付出时间、精力，但这与你的工作并不矛盾。美国埃默里大学一项研究证实，在养育孩子方面花费较多时间的爸爸与工作狂爸爸相比，事业取得成功的时间可能相对较晚，但随着时间的推移，他们的成就会逐渐超过对手，因为爸爸的角色让他们收获很多宝贵经验，如懂得倾听，掌控全局等。他们更能够在彼此进退的过程中，互相学习，变得更成熟，更有耐心。成为一个好爸爸有很多的益处，不仅在职场上，在个人的成长方面，以及家庭生活方面都会有很多收获。

最后，想请每位家长用一句话，说说参加本次体验式心理沙龙的收获与感悟。

家长们轮流说：

（1）看到很多爸爸对家庭的付出，也鼓励了我积极地参与家庭教育。

（2）我用了好几年的时间让孩子明白学习的受益者是他自己，做家长不容易，但认真投入会有成就感。

（3）了解自己对成人来说是个很难的问题，要常常与自己对话，以妻子为镜，反观自己。

（4）妈妈在家庭中容易焦虑，作为丈夫和父亲，要承担照顾家庭的责任，让家人更有安全感。

（5）有时候要放低身段，与孩子平等对话。

（6）与孩子交流多用问句，多倾听、陪伴孩子，改变话语体系，与孩子有效沟通。

（7）我女儿说过很在意朋友的看法，我今天才明白，她需要理解，她在这个阶段对同伴友谊很珍视。

（8）今天最大的收获是知道爸爸们有相似的困惑，这给了我很大的信心。

（9）以自己的经历激励孩子，在时间管理、专注等方面，给孩子树立榜样，做好示范。

（10）注意与孩子的界限，有边界感。与孩子说话的时候，聚焦现在的问题，不过多讨论过去和未来。

（11）今天第一次和这么多爸爸一起参与活动，当爸爸不容易，爸爸不缺席，越陪伴越开心。

教师小结：听了爸爸们的分享，我深受触动。从一开始带着诸多的困惑到现在收获满满。改变自己，孩子自然会改变。除此以外，我还有两个建议，一是接纳变化，二是相信孩子会找到自己的节奏。过度焦虑不仅是自我内耗，也会消耗孩子的能量。

父母们常常感慨："儿女昨天还是小孩子，一转眼就变成大人了。"我们对工作投入了过多的心血。时光飞逝，当我们终于从繁忙的工作中抽身，想和孩子聊天、玩耍的时候，他们已经长大了，有自己的生活，要开始忙了，就像自己的父母一样。所以，选择从现在开始做个好爸爸，回归家庭，参与到孩子的教育中来，珍惜做好爸爸的时光吧！

感谢各位的参与，我们下期再见。

本次家长沙龙活动推荐阅读书目
芭芭拉·派崔特《正向沟通：非暴力人际沟通技巧》
乔希·西普《解码青春期》
布鲁斯·罗宾森《忙碌爸爸也能做好爸爸》

二、知心教师篇

分享，互助，成长

——教师沙龙之班主任的基本功

一、活动背景

班主任是班级工作的组织者，班集体建设的指导者，学生健康成长的引领者，是思想道德建设的骨干，是沟通家长和学校的桥梁，是实施素质教育的重要力量。"构建沟通桥梁，提升班主任素养"是我校推动班主任整体专业化发展的重要策略。为认真落实苏州市《关于进一步加强中小学班主任队伍建设的若干意见》精神，不断提升班主任的思想修养、业务素质、工作能力，交流教育工作的心得、经验，进一步加强我校班主任队伍建设，提高班主任的实践能力和工作水平，积极备战区班主任基本功竞赛，我校举行了班主任基本功比赛培训。

二、活动目标

（1）不断提升班主任的思想修养、业务素质、工作能力，交流教育工作的心得、经验。

（2）进一步打造我校特色班主任团队，不断提升班主任的专业素养。

（3）备战区班主任基本功竞赛。

三、活动准备

现场模拟面试试题编制，PPT制作。

四、活动过程

（一）心得体会分享

主持人导入：班主任工作是平凡而又琐碎的，班主任的舞台却又是精彩而有趣的。有这样一群班主任，能够把平凡而琐碎的工作做得精彩而有趣。下面我们就听一听参加过班主任基本功区级和市级比赛，登上过大舞台的选手们是怎么说的。

教师1：其实每位教师的成长方式与路径是不同的，但若期待一种稳定之中的迅速发展，我认为除扎实做好日常的教育教学工作外，参加各级各类比赛也是必不可少的。备赛的过程会逼着你学习。就拿集中全力备战市赛、省赛来说，不过是7月到9月这短短3个月，但在这90天左右的时间里，我看书、学习，实现了一种爆发式的成长，甚至找到了一种还有3个月就要高考的感觉。这样的积累会在短时间内促进你的提升，而这一提升绝不仅仅是对比赛有益的，这一切都会潜移默化地正面影响你的班主任工作。我记得俞敏洪说过，上大学的时候他读了800本书，现在书的内容他都记不住了，可是这些书里的一切都融到他的血脉中去了，这才是最大的收获。

再者，比赛的过程会逼着你勇敢、自信。各级比赛，必有相应级别的选手来跟你比拼。我们最清楚自己的实力，却对对手一无所知。而每一级的比赛环节和过程都有所不同，这就逼着你勇敢地面对所有的挑战。

最后，赛后的反思会带动你学习、前进。比赛的过程可能是赶鸭子上架，但赛后的反思与行动一定是自然而然地进行的。在省赛集训结束的前一天，回荡在我脑子里的一句话是"学然后知不足"。正是通过这一次次比赛，包括集训队里的一次次实战模拟，我才更加清楚自己尚有许多不足，从而由当初的被迫学习转变为如今的渴望学习。而这一点，我想，才是比赛的真正意义。

教师2：我想分享的话题是"用心记录教育"。我们教师的各级各类比赛，不论主办方是谁，比赛形式如何，反映的都是我们教师的日常工作状态。这大概也是省、市班主任基本功大赛增设了情景应对环节的目的。这要求我们不仅在备赛时要精心地包装自己，更要在日常的教育教学工作中做到精心、细致。我们面对一群正在飞速成长、变化的青少年，精彩的故事、鲜活的案例每一天都在上演。如果能够在平日里多留心一点，将这些内容、感受及时记录下来，何尝不是我们的宝贵财富？其实班主任基本功比赛的目的是很明确的，就是要让我们更加注重教育。所以无论是为了比赛还是为了自我提升，我们都应用心记录教育。

教师3：我觉得班主任基本功比赛是班主任工作迈向专业领域的催化剂。教师专业化一直是教育领域关心、探讨的话题，也有不少学者认为专业化程度不够是教师职业未受社会普遍认可与尊重的原因之一。作为青年教师，我对此并没有什么深刻的见解，但经历了这场比赛，我想我感受到了班主任专业化的必要性。以情景应对环节为例，你需要自我陈述为何采取这样的应对方式，并接受评委的评判与提问。这样的比赛逼着你去梳理自己在处理各事件时的依据，从而让你能更好地审视自己行为的合理性与科学性。而合理、科学等标准并不是借由经验、惯性等所能够达到的，需要你用专业化的理论去支撑，用专业的思维去思考。记得参加学校选拔赛的时候，我在阐述班主任理念时写了一个小标题"用心去爱"，好像一个"爱"字能解决世上一切难题。但经过这一年的工作，经过这一场比赛，如今再去审视，我才发现，有爱不难，但什么是爱？怎么去爱？为何如此爱？这些问题才是最该用心思考的东西。如果没有向专业化领域迈进的信心与努力，我想，我是无法真正探得这句话的奥秘的。

主持人总结：以上这三点是几位老师参加这个系列比赛的感受，非常真切。真的非常感谢学校能够为我们一线班主任搭建这样一个学习、交流、共进的平台。让我们互相学习，相互鼓励，坚定而又执着地在班主任专业化这条路上成长和发展。

（二）比赛内容解说

主持人导入："三寸粉笔，三尺讲台系国运；一颗丹心，一生秉烛铸民魂。"在 2018 年第 32 个教师节来临之际，习总书记的殷切嘱托言犹在耳："今天的学生就是未来实现中华民族伟大复兴中国梦的主力军，广大教师就是打造这支中华民族'梦之队'的筑梦人。"而班主任作为学生成长的重要责任人，有责任和义务扮演好学生成长的筑梦人这一角色。但是班主任工作确实压力很大，任重而道远！下面我们请曾经参加比赛的优秀选手对班主任基本功比赛内容做具体解说。

教师 1：比赛由班主任工作手册检查、笔试和面试三部分组成。比赛围绕《苏州市中小学班主任基本功考核要求》提出的"七大技能"进行，班主任工作手册比赛当天交签到处，由评委评审打分（共 20 分）；笔试采用闭卷形式，包含应知应会试题（选择、判断）和班级活动方案设计两部分（共 40 分）；面试分为"精彩亮相""脑力风暴""情境应对""班主任秀"（共 40 分）四个环节。面试环节具体要求如下。

一是精彩亮相：90 秒班主任自我介绍，包含班级管理理念。可以赛前准备（不可用 PPT）。

二是脑力风暴：现场抛出一个问题，选手围绕问题轮流不间断提供解决方法，每次以一句话提供一个方法。

三是情境应对：现场提前5分钟抽取一个班级管理日常情境。进入赛场后，选手有2分钟左右现场应对（由演员模拟现场，选手当场和演员互动，动态处理现场情境）。处理结束后，选手有3分钟左右阐述现场处理所采用方法和原因，以及回答评委提问。

四是班主任秀：3分钟秀，所秀内容必须与班级管理相关，秀才艺、秀宝贝（某一件物品，如一张学生送的贺卡，一张班级合影等）、秀家庭、秀课题四选一。可以赛前准备，可用PPT。

（三）比赛过程训练模拟

主持人导入：俗话说"光说不练假把式"，接下来我们就对参加比赛的全过程进行全真训练模拟。由曾经参赛的老选手对大家进行培训，大家积极模拟学习。

1．精彩亮相

第一阶段：老选手示范

三十五载人生路，十二风雨杏坛情，十年老班莫回首，一腔真情无绝期！大家好，我是今天的××号选手。网上看到一个调侃高中班主任的段子：从早到晚比牛还累，一日三餐时间不对。一时一刻不敢离位，青春年华如此狼狈。唉，当个老班真累！的确，学生工作，只可智取，不能硬攻。十年老班，我有自己的智慧和谋略。

第一招"攻心计"：三十六计攻心为上，这是一切学生工作的核心思想。所以，这第一招就是"攻心计"，了解学生心理，知己知彼，才能百战不殆。

第二招"欲擒故纵"计：爱而有度，宽而不纵一直是我坚守的准则。让学生接受你，爱戴你。学生服你了，还有什么事情不能解决呢？

第三招"连环计"：相比较成绩，我更关注的是学生的状态，即学习状态、成长状态。再顽固的孩子，也有精诚所至、金石为开的时候。

日月轮回，改变了我们最初的模样。都说岁月是把杀猪刀，可是我想说十年不觉杏坛梦，赢得花开一片红！三旬中年尚能飞否？披星戴月，不忘初心！

第二阶段：比赛选手模拟

教师1：各位评委老师下午好，我是4号选手，从教两年，是一名物化班的班主任。我的名字中有个"之"字,是因为我父亲爱好书法,"之"字似水形,在书法中有千变万化,必须用心体会。父亲希望我在未来的人生中既可以像楷书中的"之",温柔似水,讲究章法;又可以如草书中的"之"充满力量,以柔克刚。这与我的治班理念不谋而合,既要以法治班,又要以情治班。首先,班级管理要有章法,做事有底线。底线不可突破,线上自由发挥。同时,管理不能只流于形式而忽视学生内心感受。治理班级的本质是育人,是在与学生进行情感交流与思维碰撞,对学生产生影响。必须以情交流、以情教育,给予学生尊重、信任和理解。从教两年中,我对待学生有耐心、有爱心、有恒心,期待着成为学生生命中重要的人。

教师2:尊敬的各位评委老师,大家好!我是今天的6号选手。潺潺之流水,不争之班级。夫唯不争,故天下莫能与之争!高中生正值生涯规划探索期,"志不定,天下无可成之事!"漫漫人生路,立志做引路人。

我引领学生做到"三不争"!一不争荣誉。做好分内事,凡事只和自己比。文明班级评比中,我告诉学生严于律己,履行好一日常规,最终,学生领悟到,自律,是一个人最好的修行。二不争关注。因学校场地限制,今年我们班被单独安排在一幢教学楼,我戏说这是大家闭关修炼的绝佳机会。在今年的期末大市统考中,同学们破关而出,取得骄人成绩。三不争得失。我时常劝诫学生,遇到争执,退让一步,化干戈为玉帛。明月入怀,方得始终!

有人说,"内卷"时代,决不能躺平。不争不是躺平,是积极自律、勤勉自修、克己自省的价值引领。人生设计在少年,少年强则国强!谢谢大家!

教师3:班主任应该眼中有问号,走进班级的时候带着问号,看看每个孩子的小眼睛,读一读他们可能存在的心事。同时,班主任还要让学生的心中有问号,引领孩子们发现问题、分析问题、解决问题,做学生的人生导师。

当然,班主任心中还应该有省略号,长长的省略号可以表示等待,教育需要等待,把时间拉长变慢,等待花开……这神奇的省略号的六个点,不正好对应着小学的六年吗?我愿意陪伴孩子们,扎扎实实地走好小学六年的每一步,还要目送他们走向更远的人生之路,做学生健康成长的重要他人。

2. 脑力风暴

为深入贯彻习近平总书记关于教育的重要论述,全面贯彻党的教育方针，落实《中共中央 国务院关于全面加强新时代大中小学劳动教育的意见》，加快构建德智体美劳全面培养的教育体系，教育部于 2020 年 7 月 7 日印发《大中小学劳动教育指导纲要（试行）》，请你就高中生如何进行"劳动教育"谈谈自己的见解。

教师 1：可以在全班召开关于"劳动教育"的专题班会，让同学们认识到什么是劳动，劳动的目的和意义，对劳动有一个清晰的理解和认识。

教师 2：带领同学们进入社区，参加"志愿者一日劳动"，让大家在实践中真正履行劳动的义务，为社会服务。

教师 3：能够积极向身边的人宣传劳动的伟大意义，让劳动的风气在社会传扬。

3. 情景应对

第一题：李同学生活在单亲家庭，与母亲相依为命，有一段时间她感到十分孤独，总觉得缺乏爱，不论是在家还是在学校都缺乏爱的温暖。隔壁班的某位男生对她特别关注，经常和她聊天，给她买零食，李同学感觉找到了可以依靠的人，找到了温暖。该男生有一次找李同学聊天时被你发现，作为班主任，面对这种情况你该如何处理？

第二题：班上有个学生平时独来独往，多疑、冷漠、敏感，总觉得同学的正常活动打扰自己，人际关系不佳。家长会上，你观察到该生家长每次都面色凝重，不论孩子进步还是退步，对孩子的成绩总表示不满。面对这种情况，你会如何处理？

第三题：数学课上，汪老师发现小 A 同学趴在桌上没有听讲。汪老师让他回答问题他不理不睬，汪老师很生气，把他带到班主任面前。小 A 同学表示，他的父母对他没有要求，所以他觉得学习没什么用，把高中混完就可以了。面对这种情况，你会如何处理？

第四题：小 A 同学因为心理问题休学一年，复学后来到你的班级。他的同桌小 B 看到小 A 手上有刀疤，便和其他同学讲小 A 是混黑社会的。小 A 知道以后非常生气，便怂恿同学们孤立小 B，还写故事讽刺小 B，把故事发到网上。这一天小 B 和他的家长来到你的办公室要求你处理这件事情。你怎么办？

4. 班主任秀

第一阶段：老选手示范

茶道育人 茶香蕴品
——茶道治班秀管理

都说"人到中年不得已，保温杯里泡枸杞"，我这个"奔四"的人却爱上了品茶。

我用茶道教育学生，用茶道管理班级。

品茶时，我喜欢静心地发现每一种茶叶的优点和特点。茶有不同的种类，碧螺春、铁观音、大红袍……它们都是我的选择。学生也有不同的类别，调皮的、安静的、捣蛋的……每一个都是班主任要面对的。

品茶悟道，仁心育人。品茶是需要仁心的，满怀虔诚，如教师以仁爱之心教书育人。

我的班级茶香飘逸。班级分四个组，以"灵芽、香泽、逸趣、品味"来命名，道出品味人生的意境。班级犹如一把小小的茶壶，容纳三十几片茶叶；班主任就是一壶清水，沏出沁人心脾的香泽；因材施教泡出不同口味……逸趣无穷。

茶道讲究"清、俭、和、静"，我用"谦恭礼让做君子""和声细语学淑女"的准则培育学生。让学生自觉做到明礼守法讲美德，孝亲尊师善待人。

第二阶段：比赛选手模拟

各位选手各显身手，展示与班级管理相关的课题与才艺。班主任或是创建班级文化品牌，培养学生才艺，引领学生成长；或是巧借趣味形式践行生活教育，以量化考核进行班级管理，记录自我成长；或是用脉脉温情记录爱与时光，开办教育公众号，书写教育心得。

（四）主持人培训结束总结

中小学班主任工作规定明确要求，班主任是中小学日常思想道德教育和学生管理工作的主要实施者，是中小学生健康成长的引领者，班主任要努力成为中小学生的人生导师，班主任基本功比赛就是班主任工作能力的一次集中展示和提高。班主任是一份主业，也是一份专业，更是一份事业。班主任要做到眼中有孩子，不断提高自己的专业技能。只有做到有理念、有技能、有方法、有个人魅力，才能成为优秀的班主任。

家校合融　成人之美

评语：与学生对话的智慧
——教师沙龙之评语撰写

一、活动背景

评语是一种教育评价方式。写评语，是班主任一项重要工作，它是对学生学习、生活的一种评价。临近期末，又到了教师撰写学生期末评语的时候，暖心的评语能让学生感受到老师对自己的关心和爱护；适切的评语能让学生正确认识自己的不足，并产生迎难而上的决心；鼓励的评语能激励学生"百尺竿头，更进一步"。写好学生的评语既是一个班主任工作责任心的体现，又是一个班主任知识素养的体现。一则好的评语，能够沟通师生之间的情感，激励学生，帮助学生正确地认识自我，树立不断进取的信心。为了让年轻班主任写出有针对性、个性化、有力量的评语，西交大苏州附中德育处组织了期末评语撰写专题培训会。

二、活动目标

（1）认知目标：让年轻班主任知道评语写作的重要性和基本写作形式。
（2）情感目标：增强年轻班主任的评语写作责任感和使命感。
（3）行为目标：帮助年轻班主任写出符合学生实际情况的评语。

三、活动准备

邀请有经验的老班主任从自身实践出发讲授经验和方法。

四、活动过程

主持人导入：学生期末评语是指班主任对学生在一定时期内的学习、生活、思想、发展等各方面表现的总体评价，它既要指出学生所取得的进步和成绩，又要指出其努力的方向。可以说期末评语是很重要的，学生及家长非常关注评语的内容及其引导和帮助作用。同时，为学生撰写期末评语是师生之间的一次沟通，是一次宝贵的育人契机。想要发挥其育人功能，要从评语的写作对象，即学生的角度来进行考虑。第一，评语所引发的学生心理感受和反映，应该是学生可接受的；第二，教师对学生的评语所引发的学生对自我发展的反思，应能起到育人作用。从某种意义上来说，期末评语，是评价，更是一种指示或引导，是非常重要的。

（一）评语写作的基本方法和原则

主持人：作为年轻班主任，到底应该如何写评语？下面有请几位常年担任班主任的老师分享自己的评语写作基本方法和原则。

教师1：班主任评语是班主任在学期结束时或者学生毕业时，以学校具体培养目标和学生综合素质评价指标为依据，在描述事实基础上运用定性语言描述方法，对学生的德、智、体等方面行为表现做出的评价。

班主任评语是班主任在对学生行为表现进行观察、了解的基础上，在一定教育理论和评价理念框架下对学生做出的分析和判断。因此，撰写班主任评语需要一定的时间。

教师2：评语的撰写要遵循几个原则。一是情境性。学生的发展过程具有情境性、历时性和不可重复性。因此，班主任对学生进行评价时，不能脱离学生所处的情景，要在自然的、真实的情境下观察、记录学生的表现，并结合情境对学生的行为做出合理的评价。二是整体性。学生是一个个整体的、具体的、实在的个体，不能割裂、孤立地剖析他的某种行为或者特征，所以，撰写评价时要尊重学生的整体性，对学生的行为进行整体性的、关联性的理解，结合学生的个性特点、一贯行为风格等，而不是仅仅根据学生在某时、某个情境下的表现做出判断。三是发展性。要尊重学生本身存在的差异性和多样性，以发展的眼光来看待和分析学生在一个阶段的综合素质发展状况，立足现在、面向未来的评价才能更好地激励学生不断地进步和发展。因此，班主任评语要体现教师对学生发展的思考和建议，引导学生面向未来规划自己的发展目标。所以我们撰写评语可以从说情况（情境性）、谈表现（整体性）、提希望（发展性）这三个方面着手。

教师3：对于如何写，我给大家提些小建议。

第一，可以诉说矛盾。例如，"一方面你观察能力出色，思维敏捷；另一方面你常常管不住自己，导致学习成绩不稳定"。

第二，可以诉说真情。例如，"老师很看好你，你待人友善，乐于帮助别人，善于管理自己的情绪，有很多好朋友，老师为你感到高兴"。

第三，可以诉说开心。例如，"这学期老师最开心的事情就是你的成绩在稳步前进，真的为你高兴！"

教师4：我分享几个小妙招。

一是鼓励，例如，"某同学，你的身上一直有一种可贵的品质就是信任他人。信任老师，让你在期末考试中取得巨大进步；信任同学，让你结交了一群可以相伴一生的朋友。珍惜这种信任，它是你一生的财富。作为班上的领头雁、老师的好帮手，老师对你有很高的期待，希望你在各个方面都以高标准来要求自己，约束自己，那样，同学们会更佩服你，老师会更信任你"。

二是赞赏，例如，"安静的你是那么帅气，你喜欢数学，你思考问题的样子非常专注！你思维开阔，常在课堂上迸发出智慧的火花，让大家刮目相看"。

三是委婉地指出不足。例如，"你一直在努力，可是为什么成绩总有起伏呢？要知道，不会生活就不会学习，我们先从管理好自己的生活开始好吗？期待你下学期能有飞跃"。

主持人：撰写评语有多种方式，多个妙招。有比喻体、淘宝体、名言体、网络用语、藏头诗、古文体等。班主任首先要对班里每一位学生了如指掌，熟知他们的性格，了解他们的爱好。

总而言之，写评语容易，写好评语不容易。它不仅反映孩子一个学期的表现，还反映了教师的育人方式和水平。

（二）如何撰写个性化的期末评语

主持人：刚才几位老师分享了评语写作的基本方法，那么针对不同的学生如何写出个性化的期末评语呢？我们也请两位老师分享一下自己的经验。

教师1：期末评语需要量身定制。要想发挥好评语的重要育人功能，教师在撰写评语时就要避免两种情况。一是评语内容的雷同，模式化、公式化、程序化，比如"该生尊敬师长、团结同学"等的"该生体"。这样的评语常常是一张"大众脸"，用在很多人身上都不会出错。二是防止陷入片面化和僵化的思维定式，只看到学生身上的优点或者缺点，或者是为了避免麻烦而不愿提及学生的缺点等做法都是不可取的，因为这些都违背了评价本身的客观性和全面性原则。这样做会使评语徒留形式，变成一种期末任务，从而失去育人功能。

教师2：我们评价的对象是学生。每一个学生都是独特的，要给每一个学生提供有针对性的评价。每个学生都有自己的才华，和任何别人的才华不同，具有独特的气息。因此，班主任在面对不同性格特点、不同特长的学生时，要善于发现学生的闪光点，寻找教育的契机，以此作为撰写评语的切入点，落实"立德树人，五育并举，全面发展"的教育目标。

主持人：是的，写评语就是要针对学生不同的特点进行评价，要为学生"量身定做"，针对每个学生的个性用心撰写评语，让期末评语成为师生之间有效沟通的方式。

教师3：要想写好个性化的期末评语确实不是容易的事，特别是一到期末阶段，班主任工作繁忙，可以说是心力交瘁。总体来说，时间不足、素材缺乏和难以创新成为个性化评语"难产"的主要原因。我一般都是先整体概括学生这学期的表现，再就某一点进行细化描述，起到鼓励的作用。例如，"你是颇具风度的思想家：在课堂上总是有独到的见解，表达犀利有趣；在小组项目学习中你同样有出色的表现，你的奇思妙想总是带给大家惊喜；在你的文章中，总能看到思维的火花在闪烁，真诚地思考让你越来越成熟……"也可以采取"情境式"，记得"在……，你……，当……时，……你……"从真实、感动的细节入手。可以写平常事，在细节当中体现教育，体现关爱，体现思想。例如，"记得军训会操时你身体不适仍坚持到最后，你坚定勇敢的眼神让我感动；记得你在第一次班会课中的演讲，自信大方的微笑感染了我们……"；也可以是"对话式"，运用第二人称"你是一个……因为有你……"。以上两则评语示例都是运用第二人称写的，第二人称易于抒情，能体现真诚，更好地拉近师生之间的距离。还可以巧妙运用名言警句进行评语的写作，对学生评价时先选取1~2两个关键词，然后依照关键词语运用适合的名言警句，这样不仅能增添文采，还能拓展学生的知识面。例如，"认真是有力量的，那种力量足以让整个世界如临大敌"。

教师4：以往撰写评语，教师多从性格、品德、学习和人际交往方面进行评价。比如性格分为乐观开朗和腼腆内向两种，对学生的认可大多聚焦于学习态度方面、对班集体的贡献方面、乐于助人方面。这样容易使学生"脸谱化"，忽略学生的个性。我们在撰写期末评语时可以特别关注学生的审美情趣、探索精神、创新能力方面。例如，"你乐观活泼，热心随和，非常有亲和力；在课堂中，你思想敏锐，具有独到的领悟力；在生活中，你有很高的审美,有生活情趣;作为团支书和学习项目组长,你全力付出,具有一定的领导力,得到了大家的认可和欣赏"……

教师5:其实要想写好个性化评语,首先要善于搜集评语素材。平时对学生的学习习惯、兴趣爱好等情况要持续地关注和记录,特别是对于学生的特殊情况,要及时进行分析。用好班主任手册和工作日志,对学生做到全面了解。其次,可以从学科教学和班级管理中寻找独特的素材,比如有同学在随笔中以"小藤生长记"为主题记录自己的学习生活,那么在评语中就可以"小藤生长"为比喻来写。"你是一株快乐的小藤,柔软却充满力量向着阳光,努力向上攀爬……"有同学在班会课之后给自己的成长记录袋起名为"营养快线",那么就可以"营养快线"为关键词来描述该同学这学期的进步和不足。这样无疑增进了师生关系,让学生感受到班主任对他们的关注。

另外,对于学生来说,同伴的评价也尤其重要,而同学之间朝夕相处,也掌握了很多评语写作素材,可以尝试让同学互相写评语,这不仅符合评价主体多元化的原则,也有助于学生之间相互学习。

主持人小结:好的教育应该是让学生组成交响乐团,每个人都能在乐团中发挥作用,所有的乐器汇集在一起产生好听的音乐。评语的撰写类似交响乐的演奏,教师应更全面地收集写作素材,而同学之间相互写的评语只能作为参考,或者说给教师提供更多更好的写作灵感。在指导学生相互写评语时,我们要给学生明确的评价角度和标准,不能让学生只凭主观印象来评价。

(三)评语写作注意点

主持人导入:刚才我们学习了很多评语写作方面的宝贵经验,那么还有哪些需要我们注意的地方呢?请大家讨论分享。

教师1:在写作时要注意称谓。我在刚参加工作时,总习惯用"该生"来做学生评语的称谓,这样给学生造成了一种班主任"居高临下"的感觉,使学生很难接受、不想理睬。因此,我把"该生"换成了第二人称的"你"或者较为亲近的称呼,这就拉近了师生之间心理的距离。地位平等了,顾虑减少了,评语在学生和家长看来是和老师的一种对话、交流,他们就很愿意看一看老师说了什么,从而产生往下看的欲望。

教师2:以往我们写评语都是"该生尊敬老师,团结同学,学习认真,上课不迟到不早退……"这样的评语似乎对学生的各个方面都进行了评价,但语气是那样的刻板、生硬,也比较笼统,并且没有一点新鲜感,使学生和家长看一次就再也不会关注班主任对学生的评语了。

现在我们该把评语的表述变一变,变得亲切、生动、有个性,让家长和学生想知道这次班主任说了点什么。例如,"你懂事,淳朴之中带着一股认真踏实的劲儿,你锲而不舍,努力学习,即使遇到困难也毫不气馁,默默地向着你的目标攀登,我相信,有一天,你会登上顶峰,欣赏无限的风光"。用期望和关注表达老师的真诚和亲切关爱,让学生增强自信心,同时也产生学习的动力。

教师3:注意针对性。比如对有自卑感的学生,我们可以捕捉他们的闪光点,给他们充分的肯定和适当的鼓励,帮助他们树立自信心,增强他们的荣誉感,帮助他们克服自卑心理。对缺乏自制力的学生,我们可以从感情教育入手,拉近师生之间的距离,让他们知道班主任是关心他们的。只有距离近了,我们才能把班主任工作做好,也使学生自觉反思自己的不良行为。对存在心理问题的学生,我们要从各个方面去了解他们,采取对症下药的方法,同时鼓励他们,打消他们的心理顾虑,减轻他们的心理负担。再教给他们辨别是非的能力,让他们找到自己学习的榜样。

教师4:评语如果单刀直入地指出学生的缺点和不足,他们会很难接受,导致师生关系恶化,影响班主任工作的开展。如果采用含蓄、婉转的语气,一方面可以让学生明白自己存在的问题,另一方面可以使学生找到努力的目标,并有充足的信心投入今后的学习。例如,班主任直接对一个不爱劳动的学生说,"你太懒了",学生肯定很难接受。如果变换一下说法,说:"学生都应该积极参加劳动,你说对吗?"学生一下就明白了自己该怎么做了。

主持人小结:撰写评语的方式、方法有很多,我们要根据学生的性格特征等,从爱护学生的角度出发,对每一个学生做出客观的、公正的评价。结合自己的语言艺术,使评语更切合学生实际,更能得到学生和家长的认同。那样,评语就会使学生获益更多,让他们在成长的道路上找到正确的方向,得到更好的发展。

(四)年轻班主任当堂写评语

主持人导入:听了那么多有经验的前辈分享经验,我们是不是也应该实际操作一下呢?下面我们就一起来试一试。

教师1:你是个思维敏捷,头脑灵活的好孩子。学习认真,知道自己该做什么，对问题有独到的见解，学习成绩也较好。积极参加学校的各类活动，为班级争光。对待生活委员的工作认真负责。为人正直，愿意跟老师沟通，听老师的劝解。老师看好你。如果你能整理好你课桌下方的小天地，时刻管好自己，严格要求自己，再接再厉，老师相信你一定会有更好的表现！

教师2：你是一个善良朴实而又坚强的女孩，待人诚恳。身为班长，对待班级工作永远都是那么投入，经常想在老师的前面，老师很庆幸能有你这样一个小助手。你担任主持人落落大方，自信满满，你有这方面的潜力。你参加田径队，吃得了辛苦，挑得起重担。希望你能运用科学的学习方法使弱势学科变成你的强项。

教师3：你是一个活泼开朗、积极乐观、全面发展的男孩。作为班长，你是老师的好帮手。学习认真，成绩优秀。你的歌声、球技都给大家留下深刻的印象。希望你能在今后的生活和学习中更加细致，更为踏实，在班级管理上更积极主动一些，做班级的领头羊！

五、活动总结

评语作为一种导向性的评价，对学生的品德修养和学业成绩及行为规范等各方面都有具有指导性意义，班主任作为与学生亲密接触的重要他人，在对学生进行评价时，其认识观念和策略方法等都直接影响着学生的自我认知。好的评语是学生健康成长的催化剂、及时雨；是帮助学生树立正确的世界观、人生观、价值观的指路灯；是学校与家庭，班主任与家长沟通的媒介。班主任要认真写好评语，强调真实性、针对性，尤其突出启发性，防止千人一面。通过优质评语吸引学生的注意，在保护学生自尊心的前提下使学生下决心改正缺点。评语能产生良好的教育效果，希望我们的年轻班主任都会写评语，写好评语。

言而有度，爱而不宠

——教师沙龙之班级管理

一、活动背景

叶圣陶先生说："教育就是培养习惯，良好的习惯就是人一生取之不竭的道德资本。一个人从呱呱坠地到长大成人，身上总会养成这样或那样的习惯，一个好的习惯能够成就一个人，而一个坏的习惯则会毁掉一个人。"强化常规，提升管理，对于学生养成良好的习惯至关重要。而作为班集体的领导者和学生们在学校里最信任的人，老师肩负着重任。随着时代的不断进步发展，学校不仅仅是学生获取知识的场所，更是学生身心健康发展、人格完善、价值观形成的第二家庭。因而一个班集体应有一种和谐温暖的氛围，让学生体验到来自老师和同学们的关爱。为实现这一目标，老师要制定一些策略来管理班级，从而营造一个有温度的班集体。在这些策略的引导下，学生有良好的言行举止和作风习惯，班级内部形成良好的班风，学生在这种氛围下高效地学习，让身心得到健康发展。

二、活动目标

（1）通过本次沙龙活动，使各位老师进一步了解班级常规管理的重要性。
（2）在活动中，了解班级常规管理的错误方式，掌握班级常规管理的技巧和策略。
（3）通过活动，教师能够感知班级常规管理的艺术性。

三、活动准备

收集班级常规管理中出现的问题，制作PPT。

家校合融　成人之美

四、活动过程

（一）游戏导入："谈一谈你眼中的班级常规管理"

四位老师根据自己的联想站到标志物处（摩天大楼、空气、马拉松、咖啡），并一一陈述理由。

选择"摩天大楼"

教师1：万丈高楼平地起，大厦是一砖一瓦垒起来的，常规管理也需要一点一滴地积累。建成的摩天大楼非常壮观，常规的班级也会非常和谐。建摩天大楼首先要打好基础，老师的工作也是如此，常规管理就是班级管理的基础，只有基础扎实，才能看尽无限美好的风光。

选择"马拉松"

教师2：马拉松过程很漫长，常规管理也不是一朝一夕就能完成的。跑完马拉松全程身心俱疲，最后还可能因超时而失败；老师的工作也是如此，需要有耐心，有毅力，虽然问题可能会反复，但是我们享受奔跑的过程，看着学生成长，我们也会感觉到幸福。

选择"空气"

教师3：常规工作和空气一样，无处不在，无时不有，常规工作也和空气一样，是无痕的，是自然的。

选择"咖啡"

教师4：用开水冲泡速溶咖啡粉，咖啡粉和水融为一体。老师像咖啡粉，用自己的方法管理班级，最后和学生融为一体。老师的工作就像喝咖啡的感觉，开始可能有点苦，但是努力过后，我们会觉得回味无穷。

主持人：感谢四位老师的分享，所谓仁者见仁，智者见智，每位老师对待班级常规管理都有自己的看法。老师是班级管理的"舵手"，只有老师重视，学生才会重视。然而，班级常规管理是一门学问，是一门艺术，这里面有很多方法和策略，今天我们就通过这个活动来交流"高中班级常规管理的经验"。

（二）情景再现

主题一：考勤篇——"面对经常迟到的学生，教师可以做些什么？"

主持人：学生迟到，看似一件小事，但我们会发现经常迟到的学生普遍存在时间观念差、缺乏组织纪律性、不能合理计划自己生活和学习的特点。因此，学生迟到不是小事，应该当作教育的一项重要工作来对待。

情景一：小 A 和小 B 是孪生兄弟，16 岁，正在学校读书。他们家离学校比较远，家长给他们俩买了自行车作为交通工具。兄弟俩由于晚上贪玩，好睡懒觉，经常迟到，虽经多次批评，还是我行我素。有一天上午考试，尽管老师事先警告他们不能迟到，但他们因在路上玩耍，还是迟到了 30 分钟。老师追问原因，他们谎称哥哥小 A 车子在路上爆胎了，到自行车维修店补胎耽误了时间。老师半信半疑，但没有发作，让他们进教室后，自己就悄悄到车库检查他们的自行车，发现两辆车子四个轮胎都没有被拆卸的痕迹。很明显，补胎是他们编出来的谎话。

假如你是他们的老师，你将怎么处理？

教师1：当面进行严厉批评，责令写检讨。

教师2：把兄弟二人分开询问，对坦白者给予赞扬、奖励，对坚持说谎者进行严厉处罚。

教师3：把真相告诉家长和全体学生，请家长对孩子严加监督，让全班学生讨论，引以为戒。

教师4：给兄弟俩讲一个关于说谎有害的故事，然后再问他们近来有没有说过谎。

教师5：提出三个问题，让兄弟俩分别在两个地方同时作答。这三个问题分别是：哥哥的自行车爆的是前胎还是后胎？在哪个店补的胎？你们付了多少补胎费？

教师6：小事一桩，只要成绩不下降，可以置之不理。

主持人：感谢六位老师的分享。面对这种情况，我们需要转变观念、态度，将之作为一次与学生交流沟通的机会，切忌上来直接说教批评，以下方法可借鉴：第一，做好学生的思想教育工作，了解情况，如果学生确实因实际困难而迟到，要及时帮忙解决。第二，电话家访，与家长取得联系，如果是学生自身习惯问题，就跟家长商量好，请他们配合老师对学生进行教育。第三，耐心引导。见到学生时，用一种关怀的语气询问其迟到的原因。如果他说实话，应肯定他的诚实，并耐心及时地给他讲述迟到的危害性，鼓励其改正陋习。第四，良知感召。把学生迟到时间记录下来，利用课余时间，如课间、中午或自习课给他补课，将时间找回来，默默地感化他。

主题二：卫生篇——"班级要整洁，卫生需先行"

主持人：卫生情况的好坏直接反映一个班级的班容班貌，间接反映一个班级的班风状况。

情景二：早上班里打扫完卫生，不久垃圾桶周围就有垃圾了，第二节课后发现垃圾更多了，这种情况持续了好几天。针对这种情况，老师在班里再三强调要讲卫生，也没见好转。面对这种情况，作为老师的你该如何面对呢？

教师分享：

教师1：在班级管理中，有必要建立起惩罚规则。要让学生在体验惩罚的过程中感受规则的严肃性。一方面让孩子知道规则的严肃性，另一方面让管理者反省规则的合理性。规则可以定期完善，真理也是在不断的实践中趋于完美的。

教师2：我会先找出问题根源，也就是找出哪些同学扔垃圾。要找出来并不是件容易的事，但找的过程本身就是个育人过程，大张旗鼓地将离垃圾桶近的学生一个接一个找出来问，了解他们对垃圾桶周围垃圾越来越多这种现象的看法，顺便问问他们都看见谁会主动把垃圾扔进垃圾桶里，谁会把垃圾像投球一样砸向垃圾桶。让生活委员在垃圾桶旁边的墙上贴一张纸："募提示语"。专门安排值日生对垃圾桶旁的垃圾及时进行清扫，并留意谁爱往那儿扔。

教师3：我会开主题班会，倡导爱校卫生活动，成立督查小组，督促爱校卫生的落实。

教师4：我可能会以身作则，给学生做好榜样。发现学生乱丢垃圾后，可以在课间学生在教室后面玩耍时走过去，把垃圾捡起来丢到垃圾桶里，这样做几次后，相信会有一部分学生自觉起来，并开始维护教室的环境卫生。

主持人：此案例体现的是心理学上的"破窗效应"现象，上面有几位老师也提到了。不良行为如果被放任，会诱使人们效仿，甚至变本加厉。以一幢有少许破窗的建筑为例，如果那些窗户不被修理好，将会有破坏者破坏更多的窗户。最终他们甚至会闯入建筑内，如果发现无人居住，也许就在那里定居。一面墙，如果出现一些涂鸦没有被清理掉，很快墙上就布满了乱七八糟、不堪入目的涂鸦；一条人行道有些许纸屑，如果没有被打扫干净，不久后就会有更多垃圾，最终人们会理所当然地将垃圾随手丢弃在地上。这个现象，就是犯罪心理学中的破窗效应。面对这个情况有以下四步做法与大家分享：第一，动之以情，晓之以理。第二，众人监督，专人负责，优化班级卫生服务团队。第三，杜绝破窗效应。第四，行胜于言。

第五，制定惩戒措施。

主题三：跑操篇——阳光跑操，绽放风采

主持人：少年强则中国强，青少年是国家的未来和民族的希望。党的十八大以来，国家领导人在不同场合多次强调建设体育强国的重要意义，十分关心青少年的身体素质，鼓励青少年积极参与运动。高中阶段，学生面临高考压力，拥有强健的体魄与强大的心理是必不可少的。对此，我校把促进学生身心发展放在第一位。我校学生每天跑两次步，做一次眼保健操，充分响应国家的号召。

情景三：某校两操状况。某日上午9：00下课铃响，跑步音乐响起，一楼3分钟、二楼5分钟、三楼以上8分钟内到操场相应位置集合。9：05教学楼区仍能见到部分磨蹭的同学，有上卫生间的、有问问题的、有三三两两边走边聊的。9：08操场班级队伍区缺8位学生，已到的学生三五成群畅谈，看到我的到来，才慢慢按跑步阵型站好。9：10人才到齐，这时两位女生以肚子疼为由请假，两名男生以头疼为由请假，一名男生以体育课扭伤了脚为由请假。面对跑步过程中的种种问题，各位老师你们怎么处理？

教师分享：

教师1：这个案例代入感很强，有几次我也很生气，后来我通过班会课明确了跑步的纪律，包括出勤时间、纪律管理以及请假要求等，并以纸质文件的形式张贴到教室公告栏。然后，我全程陪跑。

教师2：我的方法比较简单粗暴，对违反跑步纪律的同学进行罚跑，但这对有些精力充沛的男同学貌似无效。

主持人：虽然跑步时间只有十多分钟，但是整个过程折射出来的远不仅仅是跑步本身。跑步过程中，老师可以观察学生的步伐、注意力、协调性、喊口号的力度等。可以通过跑步观察学生的精神状态，再加上学生都是年轻人，较情绪化，许多问题都能在跑步时反映出来。看某个班级近期状态好不好，就听其呼出来的口号响不响。

对这个情况有以下做法与大家分享：第一，统一思想，提高认识。跑步跑的是个人的精气神，跑的是班级的尊严、荣誉和团结。跑步是学生在校学习生活中不可或缺的一部分。第二，严格跑步要求、请假原则和奖罚条例。第三，专人负责，各司其职。第四，老师陪同，增强凝聚力。总结下来跑步管理的四个关键词为坚持、习惯、榜样、正向强化。

主题四：自习篇——入室静、不迟到、专学习、讲效率

主持人：自习课是高中班级管理中的重要环节。高中阶段是学生精力

比较旺盛的阶段,是青少年追求自由、追求个性的阶段。这个阶段,高中生的世界观、人生观和价值观都在不断地完善,他们具有自我意识,遇到问题会有自己的想法,喜欢独立解决。他们想得到家长和老师的认可、理解和信任等。同样在自习课中,他们也希望能够自主安排自己的学习活动。但是高中生还处在成长阶段,他们的自我控制能力不强,心理还不够稳定,很容易受到外界的影响,所以还需要老师进行合理的引导,还离不开老师的管理。

另一方面,现在的家长都以孩子为中心,有些家长会无原则地迁就孩子,导致有些同学比较娇惯,只顾自己。在与人相处的时候以自己为中心,不懂得为他人着想,以至于没有班级荣誉感,在班级中没有团队意识。

各位老师,针对班级管理中自习课中出现的问题,你会怎么处理呢?

教师1:我是一名年轻的老师,这是我的第一届学生,对于自习课的管理,我没有太好的办法,我采取的主要是"师控"模式。就是大小事都是我一手抓,在管理班级的时候大包大揽,自习课纪律如果出现问题,就立刻处理。我在教室的时候,自习课纪律非常好;我不在教室的时候,自习课的纪律就会变差,真郁闷。

教师2:对于晚自习纪律,我采取的是学生自管模式,每天安排值日班干部监督自习课纪律,并在班级日志上纪录自习课出现的问题,待第二天再由我来处理。

主持人:高中生如果能利用好自习课,在自习课上提高学习的效率,将会事半功倍;反之,那将是一种浪费。对于高中生来说,时间是非常宝贵的,所以不管是老师还是学生,都应该重视自习课。老师应该对自习课进行管理和引导,使自习课能够最大限度地发挥其作用,针对自习课管理出现的问题,以下解决办法供大家参考。

1. 明确自习课的意义

自习课上好了,可以发挥以下三个方面作用:一是巩固基础知识;二是查补疑难点;三是拓展应用提升。

2. 清楚自习课的纪律要求

自习课的功能要发挥,必须有安静的环境、严明的纪律作保证。班级纪律可归纳为"三快""八不准"。"三快":快速安静、快速制订计划、快速进入状态;"八不准":不准随意进出教室、不准中途收发作业、不准发出各种声响、不准斜坐跷腿、不准向外看、不准趴在桌子上、不准吃东西或在喝水时发出声音、不准聚集提问。

3．制订自习课的计划

"凡事预则立，不预则废"，科学有效的计划能让学习事半功倍。自习划分为"班级计划"和"个人计划"。个人计划可以写清"时间＋学科＋内容＋完成情况"，如：16：30—17：30，数学，导学案第23页习题，如完成就打"√"，未完成则必须标明原因，并写清剩哪里未完成。

4．落实自习的效果

再好的措施，只有落实，才能出效果。效果怎么样，主要从三方面检测反馈：一是班干部反馈自习纪律情况；二是抽查计划本督促学生养成做计划的习惯；三是通过计划本评比，不断强化自习课效果。

自习课的管理是一项艺术，每个班班情不同，管理办法也不尽相同。总之，适合的就是最好的！

五、活动总结

班级常规管理是每个老师必修的一门课，了解关心每一位学生，号召全体学生共同制定班级管理政策，选出合适的班委，在教育班级"后进生"时老师要刚柔并济……这些策略是一个有温度的班集体形成的充要条件。哲学家萨格雷说过："播种行为，收获习惯；播种习惯，收获性格；播种性格，收获命运。"常规管理就是播种行为，目的是让学生收获好的学习习惯，树立正确的价值观，成为命运的宠儿。总之，作为老师，能做到真正关心、爱护学生，就能得到学生的尊敬和爱戴，就能打造一个有温度的班集体。

同舟共济,博采众长
——教师沙龙之班集体建设

一、活动背景

根据《中共中央 国务院关于进一步加强和改进未成年人思想道德建设的若干意见》文件精神,加强和改进未成年人思想道德建设,是全党全社会的共同任务。学校教育中,提高思想认识的一个重要途径就是加强班集体建设,它是加强和改进未成年人思想道德建设的重要载体,能够全面推进有效教学,提高教育的有效性,培养和谐的班集体人际关系,营造良好的育人环境。班集体建设可以说是班主任工作的重中之重,好的班集体、优良的班风和学风可以使班集体内的每个成员受益匪浅。班主任作为班级的组织者、领导者和管理者,在创建班集体的过程中担负着重要责任。只有让学生处于优良的班级环境中,学生各方面的素质才能得到全面发展。

二、活动目标

(1)认知目标:知道建设班集体的意义和优秀班集体建设的有效途径。
(2)情感目标:在活动中感知班集体建设的重要性和价值。
(3)行为目标:在实际班集体建设中运用策略,建设优秀班集体。

三、活动准备

(1)收集班集体建设的困惑与典型案例。
(2)拍摄学生短视频。
(3)制作PPT。

四、活动过程

(一) 七嘴八舌诉烦恼

主持人：高中班主任在班集体建设中经常会碰到一些难题，大家不妨来聊一聊，你们都有哪些困惑和烦恼吧！

教师1：班级缺乏凝聚力，学生的集体感不强。

教师2：缺乏规范的班级管理制度，部分制度反映的是学校管理者的意志，对学生的作用不大。

教师3：学生不积极参加班级活动，学生不能充分理解活动的意义，只是出于应付，许多活动不能发挥作用。

教师4：班级文化建设滞后。在进行班级文化建设时，把更多的目光放在"班级学风"的塑造上，导致了班级文化建设"营养不良"。

教师5：班干部与老师沟通不及时，班干部职责不明确。

教师6：班级内个别同学之间存在矛盾，班级出现小团体，这容易使班级丧失凝聚力。

教师总结：看来，大家的烦恼真不少。班主任是一个班级的灵魂，充满智慧的班主任能带领一个班级同舟共济、乘风破浪！

(二) 事例分析共谋划

主持人：首先，让我们共同听一则故事，尝试分析这则故事的寓意。

1950年，沸洛伦丝·查德威克因成为第一个成功横渡英吉利海峡的女性而闻名于世。两年后，她从卡德林那岛出发游向加利福尼亚海滩，想再创一项纪录。

那天海面浓雾弥漫，海水冰冷刺骨。在游了漫长的16个小时之后，她的嘴唇已冻得发紫，精疲力尽。她抬头眺望远方，只见眼前雾霭茫茫。"现在还看不到海岸，看来这次无法游完全程了。"她这样想着，身体立刻就瘫软下来，甚至连再划一下水的力气都没有了。"把我拖上去吧！"她对陪着她的小艇上的人说。"咬咬牙，再坚持一下。只剩下一英里（约为1.61千米）远了。"艇上的人鼓励她。"别骗我。如果只剩下一英里，我就应该能看到海岸了。把我拖上去，快，把我拖上去！"于是，浑身瑟瑟发抖的查德威克被拖上了小艇。小艇开足马力向前驶去。她裹紧毛毯喝了一杯热汤的工夫，褐色的海岸线就从浓雾中显现出来，她隐隐约约地看到海滩上等待着她的人群。到此时她才知道，艇上的人并没有骗她，她距成功确确实实只有一英里！她仰天长叹，懊悔自己没能咬咬牙再坚持一下。她说，真正令她半途而废的不是疲劳、寒冷，而是因为在浓雾中看不到目标。

主持人：看不清目标就会失去方向。建立一个优秀的班集体，让学生拥有一个共同的目标是关键。那么目标该如何确立？又该由谁来确立呢？

教师1：班集体建设目标指明班集体发展的方向，应该包含学习目标、生活目标、德育目标等方面。

教师2：班集体目标的语言表达要积极正向，最好不要出现负面消极的词语。

教师3：班级培养目标要体现育人功能，在发展班级的同时，也促进学生人格的发展。

主持人小结：班集体目标的设置，从时间上，可以分为长期目标、中期目标和短期目标。以高中为例，长期目标是班集体三个学年的奋斗方向。中期目标可以是一学年的，也可以是一学期的。近期目标，可以是每一个时段所要达成的目标，如，抓好课堂纪律、搞好宿舍卫生等。

下面，让我们共同学习一份优秀的班集体建设目标（表2-3）吧！

表2-3 班集体建设目标

我理想的班级			
教室的物理环境		学生的精神面貌	
班级的课程建设		班级的文化雏形	
师生关系的具象		学生互动的场景	
教师团队的合力		家校合作的样态	
一年发展目标			
两年发展目标			
三年发展目标			
终身成长的期待			
准备实施的路径			

（资料来源：微信公众号"沈磊的班主任手记"）

主持人小结：正如上课前要备课，上台前需预演，我们对班级的发展规划进行畅想，勾勒出班级建设的蓝图。勾勒蓝图其实就是初步制定班级发展目标，有了明确的目标，才会有清晰的发展路径和带班策略。

（三）借力班干促成长

主持人：一个纪律严明、健康向上的优秀班集体，不仅要有一位称职的班主任，更要有一支素质良好、能独立工作的班干部队伍。班干部是班级的骨干和领导核心，是班主任的得力助手，是班级工作顺利开展的有力保障。有了优秀的班干部队伍，班级才会有活力，才会有发展。不过有些老师，他们在班干部管理中遇到了困难，首先让我们听听他们的烦恼吧！

教师1：现在的学生比较重视自己与同学的关系，因为评优评先都要同学民主投票，他们担心平时的管理可能会得罪同学，就做起老好人。在需要维护班级纪律的时候不能挺身而出，班干部形同虚设。

教师2：有些学生在管理的时候过了头，总是把握不好尺度，从而造成了同学关系的紧张。

教师3：如果责任不落实到人，那么班级管理的重任就会落到少数几个同学头上。别的班干部总想着有人会帮忙管理，导致相互推诿的现象。

主持人总结：

班干部常出现以下问题。

（1）对自身认识不足，期望值过高。

（2）自尊心强，耐挫能力差。

（3）角色错位，把握不好与同学之间的距离。

（4）学习与工作的关系处理不当。

大家的烦恼确实是一线教师经常遇到的，那么接下来请大家畅所欲言，谈一谈你对班干部选拔和培养的见解吧！

教师1：首先要组建高素质的班干部团队，这不仅需要教师的慧眼，还需要相应的策略和方法。我的方法是"自主竞聘上岗"。我规定，每位班干部有一定的任期，比如一个学期。到期之后，每个班干部都要述职，再由同学对他们进行评议和打分，并进行公示。比如，我会绘制述职思维导图（图2-4），要求班干部据此述职。

图2-4　班干部述职思维导图

教师2：作为一名女班主任，如何在班级管理中发挥女性的特质？冷冰冰的指令效果不好，也没有长久的效力。一旦学生远离你的视线，你的指令就失效了。优秀的班主任不会让学生觉得老师在管他。班级正常运转，班主任工作越轻松，说明其管理水平越高。真正有管理水平的老师善于借力使力，让学生参与到班级管理中来，使班级管理如行云流水，这才是真正的本事。

教师3：召开主要班干部会议，告诉他们对于班级不良现象要怎么处理。能自己处理的自己处理，不能处理的再由班长汇总向班主任报告，由班主任处理。总之，尽量把权力下放给班干部，由学生管理学生。

教师4：班干部有了成绩要及时表扬，犯了错误，就应该严肃批评。使他们认识到这是老师对自己的爱护，在班级内形成人人平等的氛围。我们班在考核中对班干部的要求更加严格，班干部违纪要双倍扣分，这样就能更好地鞭策班干部以身作则，同学们对这种做法也是赞成的。在这一点上，班主任绝对不能手软，更不要担心班干部不高兴，或者甩手不干。注意引导，因材施教，这样才能使班干部健康地成长起来。

教师5：树立班干部的威信，是促使班干部大胆地、创造性地开展工作的根本。它能激发班干部对班级工作的极大热情，同时激发他们的创造潜能，这是班干部工作成功的必要保证。作为班主任，平时应注重为班干部开展工作创造良好的条件，帮助班干部树立他们的威信。我常常在班上说这样一句话："班主任在时，班干部是班主任助理；班主任不在时，班干部就是常务班主任。"

（四）你言我语议规范

哈佛大学第九任校长霍里厄克曾说，哈佛大学的理念是让校规看守哈佛大学，这比用其他东西更加安全有效。班规对班集体的维护和发展有着举足轻重的作用。

关于班规的价值，同学们有话要说，请大家观看视频。

学生1：我觉得制定班规时应充分尊重规则，充分尊重人本，不应该都是要求，而忽视了我们的需求。

学生2：有的班规制定了之后只是摆设，没有起到督促的作用。

学生3：班规就是"约束+规则+惩戒"，令人不寒而栗。

主持人：班规被否定，源于一些班主任对班规的误解。良好的班规对班级的整体和谐发展、学生的健康成长都是有益处的。约束行为虽然是班规的首要作用，但不是唯一作用。一些教师错误地认为制度就是用来管学生的，让学生听话、守规矩，这降低了制度在教育管理中的价值。那么，优秀的班规应该具有什么特点呢?

教师1:可以从课堂管理、平日学习习惯、行为规范、礼貌礼仪、活动纪律方面呈现班规内容。

教师2:班规细则并不是分条、分板块独立运行使用的,学生既要完善自我,又要相互督促遵守规定。

教师3:教师可以依据班规对学生采取积分制管理,对学生相应行动进行奖励或者惩罚。

主持人小结:"国有国法,家有家规",要根据学生实际民主地制定班级的各项规章制度,一旦制度制定,师生都要遵守,一视同仁,要做到奖惩分明,不可轻易破例。班规是具有规则属性的,需要全体成员尊重和遵守,这是其刚性的一面。但执行班规的目的是促进学生的发展,班规是教师教育引导和学生自我教育的工具,这和法律的目的是不同的。所以要把握操作上的"度",面对个体差异,进行适度调整,要以人为本,以教育为本。

(五) 班级舆论巧助力

经常见到很多犯错误的学生并不怕班主任的批评,却怕集体舆论的谴责。引导集体舆论,坚持正确的集体舆论导向,班主任工作就会事半功倍。

积极舆论是指班级中多数学生所赞同的、正面的、向上的、有建设性的言论。通常以议论、褒贬的方式肯定或否定班级或班级成员的动向,制约班级及或班级成员的言论及行动,反映学生群体的知识水平、道德水准、价值取向、需要和期望。老师们不妨谈一谈,我们在班集体建设中,如何引导正确的舆论导向呢?齐学红老师在《班主任基本功》一书中曾提出有效方法(图2-5)。

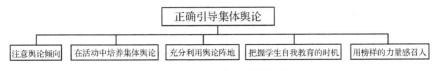

图2-5 正确引导集体舆论

老师们,你们曾经运用什么方法?有什么经验可以和大家一起分享吗?

教师1:我曾接手过一个班级,班内学风正,凝聚力强,学生都有较远大的理想,可是学生"傲"气很重,都看中"大事",不注重自己身边发生的小事,不屑于做小事。针对这种情况,我开展了"勿以善小而不为"的主题班会。同学们还在班会上倡议成立一个志愿团,定期为社会、为学校做好事,产生了很好的效果。

教师2：我们在进行班级环境布置时，除了常规的装饰，还可以结合学生已有的知识水平和审美偏好，尽可能地使环境布置与班级动态的发展目标相融合。

教师3：要培育良好的班风。要让学生明确"班级是我家，荣辱看大家"，每个学生都要为了这个"家"去奋斗，有了这股凝聚力，班级文化就有了核心和精髓。相信每个学生都会在这样和谐的"家"中愉快地学习、生活、健康成长。

教师4：班级中有些学生自带"流量"，他们能影响大多数同学的态度倾向、言论内容、评论数量，我们可称其为"舆论领袖"。在进行班级文化建设时，老师可以结合班级里"舆论领袖"的强大感召力，使其成为舆论的引领者、导向的助力者。加强对舆论领袖型学生的引导和宣传，使他们成为班级文化建设的中坚力量，以点带面促进班级文化建设。

五、结束语

主持人总结：教育家马卡连柯曾说，即使是最好的儿童，如果生活在组织不好的集体里，也会很快变成一群小野兽。可见一个积极进取、全面发展的优秀班集体，必将对每一个学生的个体发展起到巨大的教育作用和激励作用。班级文化是班集体的灵魂所在，是班级生存和发展的动力和成功的关键。积极的班级舆论是班集体良性发展的保证，如果能在思想上引领学生，形成良好的班级舆论，我们的教育教学工作就能事半功倍。

沟通的技巧

——教师沙龙之如何与家长交流

一、活动背景

当前,我们倡导家校合作,但在具体推进过程中会出现种种问题。想要真正做好家校合作,还需要老师们练就多种技能,对不同类型家长朋友,采取不同的沟通方式,真诚沟通,合作共赢,才会事半功倍,顺利高效。

二、活动目标

(1)通过本次沙龙活动,汇总各位班主任老师遇到的家校合作难题。
(2)在活动中,掌握与家长交流的技巧和策略。
(3)通过活动,感知家校交流中的艺术性。

三、活动准备

收集家校合作中出现的问题的素材,制作PPT、视频。

四、活动过程

活动导入:

主持人:各位班主任是否遇到过家长抱怨的情况?"我家小孩回家说吃不好,你们学校收费也不便宜,饭菜可以做得丰富一些呀!""我家孩子视力不好,老师能不能让他坐在第二排?""老师,我们把孩子交给你了,你就放心管,该打的时候打,我们太忙了。"所谓"家校共育",它就像一车两轮,只有同步同向,才能前行。所以,面对这样的家长,我们到底应该怎么处理,才能实现有效沟通呢?咱们班主任可以通过这次活动对各种场景下的家校沟通有相对全面的认识。

家校合融　成人之美

活动一：班主任共同探讨，汇总家长类型

教师1：我们班有位家长特别好，文化素养极高，却从不以家教专家自居，每次和老师见面时总是非常虚心地询问孩子最近有哪些不足，聆听老师给的建议。学校给家长布置的任务，家长总能高质量完成。我觉得他属于科学民主型家长，但是我也很害怕他，每次说什么我都很紧张，总怕自己说得不好。

教师2：上周六下午，又到了家长接学生回家的时间，我正忙着和几个平时表现不理想的学生对话。家长刚刚听完老师的一席话，试图当着老师的面教育孩子几句。谁知孩子突然冲着家长乱吼乱叫，甚至摔门而出。家长一脸无奈，似乎已经习惯了孩子的这种表现。我认为孩子有这种表现并不是偶然的，家长一贯的溺爱放纵是根本原因。

教师3：还有一种放任自流型的家长，一般对孩子的学业满意度比较高。他们常以"文化水平不高""工作非常忙"等为由，把孩子送到学校后不管不问。如果你试图带动他们开展家庭教育，他们张嘴就是"老师，我只是小学毕业……"这种家长交流起来更困难。

教师4：今年刚入学时，曾有位家长说，她的孩子立志要到中科院当院士。过了几天，她又发现孩子在书法方面非常有天赋，语言表达能力也非常强，又希望孩子学习艺术。这位家长不仅期待过高，而且还喜欢对孩子进行经济奖励，"写完作业，奖五十元。""考完有进步，奖一百元。""月考考好，奖励一双鞋。"……不停地向孩子发布各类金钱奖励政策，期待靠钱来调动孩子的积极性，却很少关注孩子的精神需求。

教师5："老师，我的孩子就交给您了。"开学见面时，这类家长常非常热情地和我交流，让人觉得他十分真诚，但一个学期下来我根本见不到他们的踪影。他们或长期在外地工作，或是生意缠身，无暇照顾孩子。这种全面移交型家长让我感到很棘手。

主持人小结：通过老师们的分享，我们不难发现所有的家长都与老师有一个共同点，那就是希望孩子好。从这个角度出发，我们就能找到家校交流的共同话语。所以我们要针对不同家长的特点，为他们提供有效的家教策略，带动更多的家庭用科学的方法来养育孩子。

活动二：优秀班主任代表分享经验

教师1：一要用"心"而为。家校沟通不是简单地向家长叙述学生在校的表现，而是针对学生学习和生活等亟待改进的方面。和家长进行有效

的沟通，前提是对每个学生的优缺点都能了如指掌，这样会让交流更具针对性。二要营造安全温馨氛围。让学生在安全温馨的班级中体会成长的快乐，这样，老师和家长沟通就会轻松愉悦，交流效果会更好。三要事事在理。家校沟通最关键的是解决问题，所以在和学生家长进行沟通时，一定要站在学生的角度思考，与家长一起共助孩子成长。四要不断总结心得。在与家长交流沟通时，应该及时将交流的经验进行总结，形成学生个性化的成长资料，让家长看到学生一点一滴的成长，这样的交流会更有效。

教师2：第一，要将心比心，言语真挚。与家长沟通时，我适时从父母的角度，用真挚的言语拉近彼此的距离，举一些自己教育孩子时的事例，使其产生共鸣，让家长真切地感受到老师的责任心与爱，使沟通更顺畅有效。第二，要控制情绪，适时聆听。班里有孩子调皮惹事了，与家长交流时，我时时提醒自己不能带着情绪讲述事情经过。沟通不是单方面的"告状"，而是为了更好地形成教育合力。适时聆听家长的想法，有助于老师了解孩子的不同侧面和真实想法。适当地在交流中"放大"优点，"缩小"缺点。老师的一句称赞，会让家长紧张的心情瞬间放松，有利于家长接受老师下一步的建议，也直接影响家长教育孩子时的态度和执行力。最后再顺势说说孩子尚存的不足，此时，家长一定更愿意配合老师共同教育好孩子。

教师3：我认为尊重是首要前提。由于年纪较轻，偶尔会被一些家长怠慢，我会坚定地表达自己的立场，用自己的专业知识和敬业态度获得家长的认可，相互尊重是我与家长沟通的第一准则。同时我们需要学会共情，有效沟通。每个家庭的情况不一样，我在与家长沟通之前会仔细分析这些情况，理解他们的难处，与他们站在同一战线，这样更能达到沟通的目的，也可以获得家长的支持。就事论事，及时沟通。问题在刚刚出现的时候是最有可能得到妥善解决的，因此我会通过电话、短信、网络、面谈等各种方式及时联系家长。与此同时，在家长会上和家长沟通时，鼓励家长定期联系老师，双向互动。

教师4：首先要学会倾听。俗话说："会讲多听众，会听多朋友。"与家长交流一定做到倾听有耐心、倾听有点头、倾听有专心。递上一杯水，让其慢慢说，切忌抢话头，打断家长。然后随机应变，按照家长所说的，灵活地修正或补充。也应该学会拉家常。和颜悦色地交谈，拉近与家长的距离。要做到这一点，首先，交流要有针对性，谈话要围绕家长关心的问题，急需了解的情况。其次，对学生的情况要了如指掌，这样，与家长沟通起来才能头头是道，让家长信服。最后，学会引导。当家长的要求与老师的做法相违时，不要轻易反对，要通过交流慢慢地引导，通过讲道理、摆事实，举出身边的例子，让其在倾听中感悟，在事实面前感化，从而达成一致。

主持人小结：聆听各位优秀班主任的经验分享，不难发现，我们在家校合作中要做的第一点是"勤"，切忌等学生出了问题才急急忙忙与家长沟通，应该做好平时的"功课"，经常与家长联系，反映孩子在校的表现。这样当学生出了问题而与家长交流时，情感的基础已经打牢，沟通会更加和谐。第二点是"实"，教师不要动不动就一个电话一个短信联系家长，其实反映的问题只是小问题，次数一多，家长也会反感。因此，教师在沟通前要做好资料的收集工作，对孩子的情况做出全面的分析，这样在与家长沟通时就能言之有物。第三点是"谋"。在家校沟通时，很多老师会一味地把问题推给家长，让家长想办法。老师在反映问题的同时，如果还能给予家长一些意见或建议，家长一定会感受到老师的真诚，沟通就能真正起到作用。

所有的父母都是爱自己孩子的，只是因为家长自身情况不同，他们养育孩子的方式有所不同，孩子会出现的问题自然也不同。因此，当我们为了孩子的问题与家长沟通时，确实需体谅家长的难处，并给予有效建议。对于忙于工作的家长，我们可以告知他们现阶段特别要注意的事项，让他们用有限的时间去做最重要的事情；对于缺乏育儿策略的家长，我们则可以帮助他们改善对孩子的教育方式。当我们能根据实际情况，给予家长实质性的帮助，而不是空谈大道理时，家校沟通自然就顺畅了。人与人之间的沟通是一门学问，作为教师一定要提升学识素养，掌握沟通技巧。

活动三：家长会中家校合作的头脑风暴

期末将至，家长会是重头戏之一。什么样的家长会令人耳目一新？如何借助家长会有效促进家校共育水平？如何使家长会开得有内涵、有品质、有深度、有广度？

教师头脑风暴，如果你是家长，你希望参加什么样的家长会。

教师1：我不喜欢动不动就"@所有人"，可以用个性邀请函代替集体通知。家长会前，我让孩子们把亲手制作的个性邀请函送给家长，代替以往的集体通知书。在个性邀请函里，有的孩子表达了对父母的感恩之情，家长看后不禁潸然泪下；有的孩子表达了对成绩的担心，提前给家长打一剂预防针……

教师2：前面这个老师说得特别好，我们还可以提高个性邀请函制作要求，帮助孩子提升思维。通过制作个性邀请函，不仅能使家长会顺利召开，也锻炼了孩子们的创新思维和设计、绘画、写作能力，同时增进了亲子关系。

教师3：期末家长会是对一学期的回顾和总结。在悠扬舒缓的音乐声中，我开启了本学期的总结视频。我一边播放视频，一边深情诉说："亲爱的家长朋友们，活动是学校的生命线，没有活动就没有活力。这一学期，我们走过了……"画面已经铺开，每个孩子、每位家长都有镜头。家长们在音乐声中开始回忆从开学到期中，从期中到期末，从生活细节到学习场面，经历的点点滴滴，走过的丝丝缕缕。大家凝神望着视频，任思绪翻滚奔腾……家长、孩子、老师的心紧紧地凝聚在了一起。

教师4：我们还可以用红包代替成绩单，在红包里装一个气球，告诉家长们："不管期末考试成绩好与不好，我们都要像气球一样，在这个假期鼓足气，不断提升自己和孩子，相信我们的潜力，就像气球一样越吹越大。当然，如果我们不去帮助孩子提升，就会像没有吹气的气球，枯瘦而干瘪。"红包下发时，家长会的气氛变得轻松起来。孩子们争先恐后地举手说："老师，我要来发红包。"家长们更是喜笑颜开，放下孩子成绩不好的顾虑，喜滋滋地打开红包。红包的发放和气球意义表达，既避免了发成绩的尴尬，又巧妙地把家长的注意力转移到了帮助孩子充实假期生活方面。

教师5：我们可以用亲子大头贴代替假期提醒，设计微信朋友圈立牌和大头贴的立牌——上面是一个镂空的相框，下面是科任老师送给孩子们的假期寄语和注意事项，以模拟微信朋友圈评论的方式出示。标题赫然写着"寒假来了"。把这个立牌放在教室外面的走廊上，学生"接待员"负责给每一对亲子拍照。用亲子大头贴引发了期末家长会的高潮，悄悄地在孩子们心里埋下了一颗积极向上的种子。

主持人：教育是富有创造力的事业，我们通过头脑风暴激发各个老师的思维活力。总说"考考考，老师的法宝"，与其抱怨家长不配合工作，不如把家长会当作测试会，来一场家长考试，引发家长自我思考。家长试卷共10道题，每题10分，答卷者和评卷者都是家长自己。题目涉及亲子陪伴、教育方法、亲子关系、学习管理、手机管理、行动引领、班级付出、假期总结、假期规划等方面。答题完毕，我们再与家长交流分享。

主持人小结：每一个教师都应重视家校沟通，要把家校沟通当成自己教育工作的延伸。家校沟通是一门艺术，需要超越知识的智慧。教师在家校沟通中要站好角度，遵守好"四项"准则。

（1）教师要守住职业道德的底线，不能逾越教师师德的红线。无论是何种形式的沟通，都要尊重家长、平等相待、说话和气、态度友善、一视同仁。不能为了一己私利，与家长拉关系，套近乎，切忌自私自利、谈吐俗气；不能用势利的眼光差别化地看待家长，切忌阿谀奉承，掩盖学生的缺点错误；不能以学生成绩的优劣而区别性地对待家长，切忌功利思想、冷语冰言。

家校沟通是否顺畅，还与教师平常的师德表现有关，一个为人师表、身正为范、严谨自律、认真负责、心态平和、充满爱心、智圆行方、幽默风趣、精神饱满、穿戴整洁的教师一定有威信，家校沟通一般较为顺畅。

（2）教师要规范与家长沟通交流的内容，使其限定在自身教育工作的范围内，并有利于学生健康成长。与教育无关的内容最好不说。与家长沟通时，教师要充分发挥自身的专业之长，给家长出一些小主意，决不能无视家长的困难，导致家长与教师之间产生隔阂；与表现不好、学习有困难的学生家长沟通时，要维护家长的尊严，既要委婉地指出孩子存在的问题，提出一些改正孩子缺点的良好建议，又要指出孩子的闪光点，不要把对学生的气撒在家长身上。切忌对家长劈头盖脸地进行训斥，或在沟通中说刻薄话，让家长颜面尽失；与成绩优秀的学生家长沟通时，不要过分夸耀学生的成绩，而淡化思想品德、为人处事等方面的要求。

（3）教师要转变教育观念，加强服务意识，为家校顺畅地沟通作铺垫。沟通交流时，教师要谦虚、和蔼、友好，切忌对家长不理不睬；要推心置腹，懂得换位思考，多站在家长的角度考虑问题，切忌冷漠傲慢；要以诚相待，用诚心架起心灵沟通交流的桥梁，打动家长的心，切忌居高临下。

要主动关爱学生，与家长沟通学生的成长环境、在家里的表现情况等；要积极地指导和服务家庭教育，启迪家长的自我觉醒。在教育孩子的问题上，家校难免有教育理念和教育行为的分歧，如果家校沟通顺畅，就能使教育的步调一致。当家长需要帮助时，教师要热忱地伸出自己的手。家长会上，可以用视频展示学生生活、学习的情景片段，如研学生活。对在班级工作中表现出色的、期中考试成绩突出的、进步明显的，运动会上表现突出的学生都要予以表扬，让家长有自豪感，有成功的喜悦，为家校沟通顺畅创造条件。

（4）教师与家长沟通要有灵活性。对有教养的家长，尽可能将学生的表现如实向家长反映，认真倾听他们的意见，并适时提出自己的看法；对放任型的家长，沟通时要多报喜，少报忧，讲清楚教育孩子是家长一生的重要事业；对溺爱型的家长，应先肯定学生的长处，然后再适时指出学生的不足；对挑剔型的家长，讲明教师应承担的职责、义务，必要时请家长不要斤斤计较，指出现实与理想是有差距的。

要理解家长的心情，有时教师一句微不足道的称赞，都会让家长感到高兴，甚至改变对待学生的态度。评价学生时要客观公正，先提优点，再指出不足，不要总是说孩子的不好，让家长认为自己的孩子一无是处，或者让家长觉得教师看不起自己的孩子，从而对教师产生反感。与家长谈自己对学生的期望时要适度，不要一味地强调高标准。开家长会时，对班级的问题学生不要点名，只能说明现象，如果有需要，可在会后进行个别交流沟通。切忌带着抵触情绪与家长打"阵地战"。

古罗马塞涅卡的《论恩泽》中强调："人是需要交际的动物。"而沟通是一门艺术。在家校沟通中，平等的姿态、发展的眼光、共赢的思想和共育的目标就是沟通这门艺术的重要元素，它们共同推动沟通的顺利进行。作为新时代的教师，在与不同类型的家长沟通时要有自己遵守的准则，要以自身的师德、师智、师才、师能、师情、师气等，去赢得家长的好感、信任，力争做到家校沟通顺畅。

家校合融　成人之美

班会课中的奇思妙想

——教师沙龙之班会课的开设

一、活动背景

陶行知先生有言"爱满天下，知行合一"，主题班会课是学校德育的重要路径之一，是班级日常管理的重要抓手，是班主任向学生传递"爱意"，进行思想品德教育的有效形式和重要阵地，更是师生间进行思想交流、情感沟通的重要平台。高中生的理性思维能力较强，班主任需要发挥个人智慧，设计优质的班会课，包括选取班会主题、确定班会形式、构思环节与过程等，通过一节好的班会课，引导学生实现德育目标。

然而，高中教师课务繁忙，班主任需要处理的事情又多又杂，很少能有时间精心准备一堂主题班会课，因此，通过本次班主任沙龙，希望可以根据几位开设过优质主题班会课的班主任的分享总结出一节好的主题班会课的备课路径。

二、活动目标

（1）通过本次沙龙活动，各位班主任老师能够明了班主题班会课的作用和重要性。

（2）在活动中，学会班会课主题选取、环节设置的技巧和策略。

（3）通过活动，了解优质主题班会课的评价标准。

三、活动准备

搜索班会课备课的相关素材，制作PPT。

四、活动过程

主持人：各位班主任下午好，今天我们开展班主任沙龙之开设主题班会课的经验交流活动，班会课一直是我们班主任抓班级常规，抓学生意识形态、学习态度、人生态度等的重要途径，今天我们就"如何上好一节主题班会课"为题邀请了三位经验丰富的班主任与大家分享。

（一）如何选择主题

主持人：对于一节主题班会课而言，主题很重要，你选择的主题是否足够吸引学生，是否能切实解决目前班级存在的问题，是否能让学生在价值观层面有所改善？接下来首先有请几位班主任谈一谈如何选择班会课的主题。

班主任A：主题要贴近学生生活实际，可以来源于近期学校德育主题，也可以有针对性地开展问题解决式的班会课。

班主任B：回顾多年的教学经历，我自己会有一些人生感悟，我会从中挑选一些和同学们进行分享，希望能够解决同学们成长中的一些烦恼。

班主任C：选题要小一点，宏观层面的、大方向的东西高中生还无法完全理解，他们更愿意去倾听、解决一些切入点小的问题。

主持人：感谢三位班主任的分享，其实班会主题有很多来源。总结一下各位班主任的观点，班会主题的选取要做到"小、近、实"。

首先，选题要小。所谓"小"，是指选题的切入点小，避免说一些大道理，看起来头头是道，实际上空洞无物。以"劳动教育"为例，要从同学们自身的"学习劳动""值日劳动"等角度入手，进而上升到"社会劳动""国家劳动"等层面，以小见大，让学生真正受到教育。

其次，选题要近。贴近学生生活实际，充分考虑高中生的年龄特点，针对性强，避免走过场。绝大部分的话题都应该取材自学生身边，甚至是学生自身，这样才能让他们有话想说，有话敢说，有话可说。

最后，选题要实。保证所选主题反映班级同学目前亟待解决的问题，班会课的目的是通过一节课的学习，让学生受到教育。除此以外，"实"还意味着落到实处，切实可行。一节班会课提出的解决策略应当可以在短时间内实行，否则随着时间的推移，教育的效果会越来越差。

班会课的主题来源很多，可以尝试从以下方面考虑：根据本班学生学习生活、思想动态中存在的问题确定班会主题；根据节令、纪念日确定主题；根据学校的德育任务确定主题；利用社会热点确定主题；从学生成长中找主题；从社会发展变化中找主题；从教师自身的人生感悟中找主题；从"他山之石"中来，广泛借鉴优秀班会课的主题；等等。

（二）如何设计主题班会课

主持人：确定好主题之后，对于班会课的设计方面，几位班主任又有什么巧思和注意点呢？

班主任 A：班会课是一堂正式的课，它与学科教学一样，我们老师必须做好备课、上课、课后辅导等环节，这是最基本的要求。

班主任 B：班会课的形式不拘一格。如果能引起学生深刻的思考，就算"满堂灌"也是一堂好课；如果涉及学生的知识盲区，就算形式新颖也未必能得到认同。

班主任 C：有的班主任对于"表演式"的班会课弃之如敝屣，其实我认为即使班会预先经过排练，只要学生在过程中有思考，思想认识得到了提高，"作秀"又何妨？准备的过程就是很好的教育过程。

主持人：感谢三位班主任的分享，我自己也查了一些资料，和大家分享。

主题班会根据主导人的不同，可分为教师主导式和学生主导式；根据上课过程形式的不同，可分为讲授式、体验式、活动式。

教师主导是最传统的班会形式，也是最考验教师基本功的班会形式，班主任根据班级自身情况，就相应问题召开班会，给学生们说案例、讲道理、提要求、安排任务。教学过程以班主任讲解为主，学生互动参与为辅。教师主导式班会的优点是主题鲜明、效率高，但是形式单一、老套，学生容易厌倦。

学生主导式班会是当下很流行的一种班会形式，教师把课堂交给学生，由学生主持、由学生自发地组织开展活动，最后教师做总结发言和点评。其优点是学生参与度高，容易引起共鸣，取得很好的效果，但是要特别注意主持人以及活动组织者的选择，必要时教师也可在班会课前给予相应的指导以确保活动的可行性、有效性，包括主题是否鲜明、思路是否清晰、环节设置是否合理等。

讲授式班会是指教师通过口述、板书、演示等方式，学生通过看、听、记的方式来实现班会课思想教育目的的过程，纯讲授式的班会课已不再适合如今的教学。

体验式、活动式班会是指用团体心理辅导方式组织开展班会活动，让每位学生都成为参与者，通过各种活动环节和游戏环节，引导学生自省自悟、自我改变，营造启发式的、适当宽松自由的氛围，鼓励学生积极思考，从多维度考虑解决问题的方法。教师则可以从旁观者的角度观察每位同学的反应。但是这种班会课需要教师精心设计，做好引导、启发与总结，具有一定实施难度。

根据不同主题，不同形式的班会课其上课过程也迥然相异。需要考虑以下几点。

第一，班会课整体框架。通过设置小标题的形式将班会课分为几个阶段，便于突出每个环节的主旨，让学生了解不同的环节需要达到什么样的教学目标，也用于提示教师进行上下环节的衔接。

第二，讲授与活动的比例。一节发人深省的班会课既不是教师的"一言堂"，也不是学生的"失乐园"，合理地安排讲授的时间和活动的时间有助于教育行为的实施和教育目的的落实。

第三，活动有层次地推进。每个活动的设置应当对应该环节的主题，并且活动与活动之间有联系，有递进，切忌类似的活动频繁出现，切忌为了引起学生的兴趣设置不符合主题、无意义的"纯游戏"活动。

主持人：下面我们一起分享一节劳动教育主题班会课。这位老师以"劳动最光荣，奋斗正青春"为题，我们请他分享一下他的设计意图。

老师：谢谢大家！这节劳动教育的班会，我主要设计了四个环节。

第一环节：引劳动之识

活动一：播放视频《劳动者平凡的一天》

【设计意图】首先，围绕同学们每天都在做的值日劳动让大家说一说劳动的形式，这可以很快让同学们参与到课堂中，然后呈现相关视频让同学们直观地看到劳动可以包括哪些形式，让他们对劳动的形式有进一步的认识，紧接着让同学们尝试概括劳动的定义，再由教师进行适当的总结，最后再呈现两则反面教材加深同学们对劳动定义的理解。

第二环节：悟劳动之义

活动二：我是辩论家

活动三：播放视频《人类消失后的世界》

【设计意图】通过第一环节，同学们对劳动有了一定的认识，但并不清楚为何要劳动，并且，作为高中生，学业繁忙，体力劳动和脑力劳动究竟谁更重要，同学们意见不一，教师顺势引导开展一场"体力劳动和脑力劳动谁更重要的辩论赛"，在辩论中，同学们不仅可以重新审视劳动的意义与价值，也可以培养批判性思维。在教师总结过程中，要进一步强调体力劳动和脑力劳动都很重要，体力劳动是脑力劳动的基础也是脑力劳动的实践过程，三百六十行，行行出状元，劳动无贵贱之分，使学生消除对体力劳动的偏见，此时教师可以播放视频《人类消失后的世界》，进一步强化学生对劳动的意义与价值的理解。

第三环节：树劳动之模范

活动四：播放视频《了不起的大国工匠》

活动五：说一说"我"身边的劳动模范

【设计意图】通过前两个阶段的学习，同学们已经初步认识到劳动可以为人们带来幸福的生活，教师顺势引导，带领学生认识从改革开放以来，中国人民的幸福生活是如何一步步造就的。通过播放视频，同学们能够了解对中国的发展建设做出巨大贡献的劳动模范的先进事迹。该环节的设计可以将劳动的概念、意义等抽象内容转变为同学们可感知的具体实例，将较空泛的内容落到实处。在此基础上，再组织同学说出自己身边的劳动模范，激励同学们向榜样学习，从身边小事做起，让大家领悟感觉到以劳动铸就美好生活是我们每个人力所能及的事。

第四环节：践劳动之行

活动六：吸管对接、工程建构

活动七：观看视频《港珠澳大桥简介》

【设计意图】当同学们具备了劳动的知识、意识和一定的内在驱动力后，设计本环节"践劳动之行"，让同学们动手体验劳动的乐趣，并且在体验过程中设置一定的"台阶"，让同学们感受到劳动不是随随便便就能做好的，必须将体力劳动与脑力劳动相结合，将巧思与实干相结合才能做出结实、美观的模型。紧接着呈现出真实的桥梁建造过程，让同学们体会劳动的不易与光荣。

第五环节：立劳动之约

活动八：书写"劳动挑战书"

【设计意图】最后，让同学们书写"劳动挑战书"，制定劳动之约，约束自己未来的劳动行为，这也是对未来更好的自己的一种期许。本环节是整节课的升华点，即从劳动理论到劳动实践再到个人意识和社会责任的培养。

（三）如何控制班会课过程

主持人：谢谢老师的分享！那么，在巧妙的课程设计基础上，如何将班会课上好呢？这就需要班主任老师对整节课各个环节、过程、过渡语等了然于胸，并且尽可能多地考虑学生有可能做出的回答以及突发情况，针对课程中出现的意外，教师也要泰然处之，接下来我们请大家谈谈自己是如何应对上述情况的。

班主任A：我会严格地控制每一次班会课的时间，并且在正式上课前多次模拟，以确保这堂课的内容可以全部上完。

班主任B：我会通过非常明显的提示语和停顿，让学生知道哪里是重点，从哪里切换到下一项学习内容。

班主任C：我觉得老师的观点要明确。当学生自由发挥时，往往会出现尖锐、偏颇的观点，有些观点或与正确的价值观念相悖；有些观点或无意义、无营养，对课程的推进或课程目标的达成没有帮助。当遇到此类情况时，班主任要灵活处理，将学生的思想引导至正确的方向。若实在难以说服，可以适时转移话题，但教师的观点一定要清晰明确。

主持人：班会课需要控制整堂课的节奏，避免东拉西扯、任意发挥；避免纵容学生恣意妄为；课堂需要创意、即兴发挥和营造氛围，同样也需要规矩、秩序，课堂内容不能偏离正确的人生观、价值观、道德观以及班会主题，班主任要对整节课和班级学生有一定的控制力、驾驭力。

（四）主题班会课的评价标准

一堂好的主题班会课，能触及学生的灵魂，为他们的成长注入营养，从而给学生留下深刻的印象。因此，班主任要时常反思自己的班会课是否有效，是否触动学生内心。各位班主任，你们通常从哪些角度来评判一节班会课的优劣呢？

班主任A：我主要从学生的课堂反应以及课后变化来评判。通常行之有效的班会课都会有一定的课后效应，同学们会首先在行为上产生变化，随着时间推移，逐渐在思想观念上产生变化。

班主任B：我也会关注A老师说的这些，此外，我还会在上课前和上课后单独和学生交流，了解他们在这节班会课中是否有所获。

班主任C：我除了关注学生的变化外，也经常问自己有没有通过这节课获得什么。

主持人：感谢各位的分享。关于班会课的评价标准，李西顺教授提出了五项评价标准，接下来我和大家一起分享。

第一，是否有"内核"。"内核"是主题班会课的根基，是主题班会必须紧密围绕的核心与灵魂。所有的活动安排都要始终紧密围绕这一价值主题展开。

第二，是否"扎根"。班会课的主题应来自实际生活，应来自学生们熟知的困境；并且在主题确定后，班会内容的选取以及活动的实施形式也要由学生来做主；除此以外，班主任在授课时可以多多讲述自己的故事，用真挚的情感触动学生的心灵。

第三，是否有"支架"。"支架"既是不同的活动实施环节之间有条不紊、循序渐进的深层逻辑架构，同时也是保障价值主题不断升华的可触摸的方法阶梯。其最底层是学生的"前概念"，中间层是维果斯基提出的"最近发展区"，最上层是主题班会课的教学目标。搭支架能够将主题班会的内容和活动通过一个循序渐进的方法体系，有结构地引导主题价值内核逐步升华，从而顺利地达成本课的教学目标。

第四，是否有"共在"。主题班会课是师生双方实现共同的价值澄清、价值体验、价值成长的共育过程。实现"共在"的方法之一是建立师生之间的情感联结，让学生打心底里信任老师；同时，教师自身也要敞开心扉，将自己真实的情感体验和价值困惑分享给同学们，使得教师不再是学生眼中完美无瑕的价值判断者，而是价值形成的参与者。

第五，是否有"生成"。"生成"是针对目标而言的，是从知识到品格，从体验到价值提升，从百思不解到豁然开朗。"生成"的主体师生皆可，促进"生成"的方法很多，比如对某一社会事件的价值判断，应引导学生实现价值的"内居"而非记诵；比如班会课应适当地"留白"，给学生课内思考的时间与课后思考的余地，这些"缝隙"都有助于"生成"的产生。

五、活动总结

新时代，新目标，新教育理念，在高中阶段落实立德树人，班主任义无反顾。陶行知先生所言："千教万教，教人求真；千学万学，学做真人。"所谓真人，也可理解为有德之人，而立德树人的途径除了各类文化课外，主题班会也是主要阵地之一，教师们要努力上好一节班会课，充分发挥其纽带作用，让学生在有趣、有义、有情的班会课中追求行为、思想和人格的真、善、美，逐渐成为有德之人。

三、放心 学生篇

赓续百年新时代,融健乐体致青春
——校园融健体育节

一、活动背景

体育总局、教育部2020年发布的《深化体教融合促进青少年健康发展意见》明确指出:为贯彻落实习近平总书记关于体育强国建设的重要指示和全国教育大会精神,充分发挥党委领导和政府主导作用,深化具有中国特色体教融合发展,推动青少年文化学习和体育锻炼协调发展,促进青少年健康成长、锤炼意志、健全人格,培养德智体美劳全面发展的社会主义建设者和接班人,经国务院同意,现根据"一体化设计、一体化推进"原则提出以下意见:一、加强学校体育工作;二、完善青少年体育赛事体系;三、加强体育传统特色学校和高校高水平运动队建设;四、深化体校改革;五、规范社会体育组织;六、大力培养体育教师和教练员队伍;七、强化政策保障。

高中生处于身心发展的黄金时期,帮助学生在体育锻炼中享受乐趣、增强体质、健全人格、锤炼意志,实现文明其精神、野蛮其体魄;鼓励全校师生积极参与体育活动;促进区域内跨校体育赛事联动,西安交通大学苏州附属中学特于2021年中国共产党成立百年之际举办"赓续百年新时代,融健乐体致青春"西附高中西附初中联合秋季运动会。

二、活动目标

体育与健康课程以促进学生身体、心理和社会适应能力整体健康水平的提高为目标,作为体育与健康课程中的一项重要活动——学生体育运动会,也应该使学生在和谐、平等、友爱的运动环境中感受到集体的温暖和情感的愉悦。

在经历挫折和克服困难的过程中,提高抗挫折能力和情绪调节能力,培养坚强的意志品质；在不断体验进步或成功的过程中，增强自尊心和自信心，培养创新精神和创造能力。

形成积极向上、乐观开朗的生活态度，形成现代社会所必需的合作与竞争意识，学会尊重他人和关心他人，培养良好的体育道德和集体主义精神。

三、活动准备

（1）苏州奥体中心场地洽谈。（校长室）

（2）开幕式方案确定。（德育处、体卫艺处）

（3）动员赛事报名、制作体育比赛秩序册。（体育组）

（4）裁判员安排及培训。（教务处、体育组）

（5）各节目组提前排练、彩排。服装由各节目组负责。（各级部）

（6）主持人及主持稿。（团委）

（7）物资准备：饮用水、器材等。（后勤）

（8）学生行进路线、入场路线、出场路线、座位安排。（德育处）

（9）邀请函、嘉宾邀请。（校长室、德育处）

（10）现场音响、音乐控制。（信息中心）

（11）前期宣传、媒体报道、活动视频拍摄等。（校办）

四、活动过程

（一）开幕式

主持人A：尊敬的各位来宾……

主持人B：各位老师们……

主持人C：亲爱的同学们……

主持人D：大家……

（合）下午好！

主持人A：又是一个桂子花开的九月，我们乘着金色的秋风，来到苏州奥林匹克体育中心，参加2021年西交附中秋季联合田径运动会。

主持人B：今年八月，奥林匹亚的圣火在日本东京点燃；

主持人C：九月，中国陕西燃动全运会的热情；

主持人D：今天，我们齐聚一堂，即将迎来每一个西附学子翘首以盼的运动盛会。

主持人A：本届秋季运动会继承西附高中和初中运动会的优良传统，两校师生满怀激情，以最大的努力实践"积极、健康、青春、快乐"的运动理念。

主持人B：我们热爱体育，在这里，运动精神和公平竞赛原则被清楚地鉴定和表达，在这里，体育成为"立德树人"不可或缺的一部分。

主持人C：这也是一届不同寻常的运动会。感谢苏州奥体中心的场地支持，让我们得以首次举办初高中联合运动会。

主持人D：奥林匹克精神的真谛在于"追求以人为本，实现人的自我超越和自我完善"。

主持人A：接下来的一天半时间中，每一位运动员都将在公平竞争的环境中，展现精湛的技艺，迸发参与的激情，创造心中向往的辉煌。

主持人B：运动会就是我们西附的团结日，运动场上的合影就是我们西附的全家福！

主持人A：我宣布"赓续百年新时代、融健乐体致青春——2021西附高中初中秋季联合田径运动会"开幕式现在开始！

主持人B：接下来，让我们欢迎旗帜队、鲜花队、气球队入场！

主持人C：首先入场的是校国旗队（图3-1）。伟大的祖国，请允许我们用青春热血为鲜红旗帜增添更加闪耀的色彩。

主持人D：伟大的祖国，请允许我们以赛场的拼搏为祖国献上最高的礼赞！

主持人A：接下来向我们走来的是校旗队。"求真、至善、达美"，西交大苏州附属高中，"精勤、博雅、卓越"，西交大苏州附属初中，我们于此相遇，我们期待未来！

主持人B：现在走来的是会徽队。本届运动会主题是"赓续百年新时代、融健乐体致青春"。请党放心，强国有我！

图3-1　国旗队

主持人C：下面走来的是彩旗队（图3-2）。五颜六色的彩旗，象征着丰富多彩的校园生活。希望我们的运动会也会像这迎风飘扬的彩旗一样五彩斑斓，充满生气！

主持人D：现在走来的是鲜花队（图3-3）。那自信的笑脸，演绎着生命的律动，比春花还灿烂；那醉人的芬芳，弥漫着祝福的情思，比阳光更温暖！

主持人A：下面走来的是气球队。今天，他们放飞的是五彩的气球；明天，他们实现的是金色的理想。

主持人D：接下来是各年级代表方阵（图3-4）入场！

图3-2　彩旗队　　　　　　图3-3　鲜花队

图3-4　代表方阵

主持人D：（高三方阵解说词）踏破秋风，剑气如虹，正向我们走来的是西安交通大学苏州附属中学高三年级的方阵（图3-5）。高三学子们意气风发，鲜衣怒马，旌旗漫卷，英姿飒爽。他们是翱翔天际的雄鹰，他们是击水三千振翅游九天的鲲鹏。今日，他们蓄势待发，剑指苍穹；未来，他们披荆斩棘，高歌勇进。

方洲路上，剑指苍穹，今朝谁能问鼎？弘毅楼中，笔落惊风，明日舍我其谁！请党放心，西附高三，未来强国有我！在此，他们庄严宣誓："听党指挥，牢记使命，请党放心，强国有我！"

图 3-5　高三方阵

主持人 C：（高二方阵解说词）现在向我们走来的是高二年级方阵。高二年级是一个积极进取、奋勇拼搏的集体。生逢盛世，当不负盛世，我们生于继往开来的时代，恰逢建党百年，回首过往荣光，我们明白，要以新一代青年最好的姿态，赓续红色血脉，担当强国使命，不忘初心，青春朝气永在；志在千秋，百年仍是少年，我们站在世界中央，奏响新时代的最强音：请党放心，强国有我！

主持人 B：（高一方阵解说词）现在入场的是高一年级的方阵，新一届的阳光少年们正迈着自信的步伐向我们走来。他们满腔热血，以梦为马，俊朗的面庞上写着对未来的期许与憧憬。毫不畏惧挑战，积极面对困难，在高中这个新的开始，他们努力探索，追求梦想。"胸怀大局，无私奉献，弘扬传统，艰苦创业"的西迁精神，不仅仅让他们铭记于心，更让他们付诸行动，成了他们的生活的点滴。面对崭新的三年，他们将秉承"求真、至善、达美"的校训，用新时代的西迁精神继续前行！

主持人 C：（初三方阵解说词）这是一支信心满怀、斗志昂扬的队伍（图 3-6），他们秉承"胸怀大局、无私奉献、弘扬传统、艰苦创业"的西迁精神。为学修身，立德正身。拼搏是他们永恒的信念，勇往直前是他们不变的勇气！加油吧，少年，保持奋斗者的姿态，一路向上！

图 3-6　初三方阵

主持人 B：（初二方阵解说词）现在迎面走来的是西附初中的运动员方阵（图 3-7），他们燃满腔热忱，揽朝阳满怀，无须鼓角争鸣，声势已撼天动地，利刃尚未出鞘，气势已无可匹敌！志存高远者，气当勃发！万众一心者，势定英雄！他们怀着满腔壮志豪情，踏长风，渡沧海，一往无前，只留下一个背影说：超越自己，我就是胜利者！

图 3-7 初二方阵

主持人 A：（初一方阵解说词）恰同学少年，风华正茂；逞飒爽英姿，一代天骄。初一年级的 1 400 多名同学（图 3-8）正手执红旗向我们奔来。飘扬的旗帜，他们朝气蓬勃；涌动的红心，他们砥砺前进。看吧！他们斗志昂扬！铸就辉煌是他们的追求！看吧！他们披荆斩棘！挑战自我是他们的号角！青春的赞歌已经奏响，他们必将扬帆起航！劈波斩浪！

图 3-8 初一方阵

主持人 D：下面是升国旗环节。请全体起立，面向国旗，奏唱国歌！请全体落座。

主持人 A：接下来，有请西交大苏州附中钱明坤副校长致开幕词！掌声欢迎！

（讲话略）

主持人B：请运动员代表曹子赫同学代表全体运动员上台宣誓！

（宣誓略）

主持人C：请裁判员代表张其旻老师代表全体裁判员上台宣誓！

（宣誓略）

主持人A：点燃希望，传递梦想。激动人心的时刻终于来到了。西附高中初中秋季联合运动会的火炬已经来到了会场入口，将从我校初一年级火炬手手中传出，他们是：沈雨晞、许芳硕、彭昊云、霍心怡、刘子灿。

主持人B：现在初一年级火炬手把火炬交到了高一年级火炬手手中，他们是：刘杨淼、曹嘉怡、夏馨怡、叶雨澄、崔荣根。火炬的传递象征着我校体能教育长盛不衰。

主持人C：火炬正在传递，现在已传到了初二年级火炬手手中，他们是：王振轩、陶禹丞、张婧昕、黄可欣、李慧。这样初高中循环传递代表着西附高中初中相辅相成、和谐发展的良好作风。

主持人D：现在火炬交到了高二年级火炬手手中，他们是：金浩然、周璟、邵昊琪、张鹿遥、徐靖羿。熊熊燃烧的火炬必将激励西附学子强身健体！

主持人A：现在，火炬来到了初三年级火炬手的手中，他们是：时文骏、王俊皓、陶昊辰、王数、桑韬杰。请让点燃圣火的火炬也在观众的心中传递，让我们一起感受这份青春的光热！

主持人B：现在，火炬传到了高三年级火炬手手中，他们是：徐铭宇、府璋杰、薄云天、刘梓萌、陆静怡。今日赛场夺魁，明日考场折桂，让我们祝福全体初三和高三毕业班的同学们，如这炬火，前程似锦，一片光明！

主持人C：现在高三火炬手将火炬传递到了高中部徐正伟校长和初中部丁国元校长手中，另外四名护送火炬的同学分别是：冯凯、贾甜恬、王思娴、顾锐。两位校长一同跑向了点火台。火是人类文明重要原动力之一，它象征着光明、希望、快乐、安康，是全人类共同的追求。现在，让我们带着这份追求，屏息凝视，等待着校运会会火的点燃（图3-9）！

图 3-9　点燃会火

主持人 D：燃烧吧，运动之火！燃烧吧，西附之光！下面有请园区教育局领导宣布本届校运会开幕！

主持人 C：接下来，让我们进入万众瞩目的开幕式表演环节！

有请陈杰、何领、孙高原、陆晴峰、冯霞、彭乐雨、邹元霞、张元建老师带来歌曲《西迁赞歌》（图3-10）。

图 3-10　歌曲演唱

主持人 D：一首《西迁赞歌》诠释了共产党人不忘初心的精神意志，而今，我们赓续百年再谱新篇。百年波澜壮阔，百年伟大征程，没有共产党就没有新中国的建立，我们身在红旗下，长在新时代，我们信仰光明坚定，未来坦荡无虞。

下面请欣赏由西附高中高二、高三全体女生带来的舞蹈表演《没有共产党就没有新中国》（图3-11），胸怀千年伟业，恰是百年风华！

图 3-11　舞蹈表演

主持人 B：下面有请西附初中初一学生带来的广播操表演《舞动青春》（图 3-12）。

主持人 A：表演解说（做操之后）。他们的动作整齐划一，他们的内心团结一致。他们有"驽马十驾，功在不舍"的毅力；他们有"鹰击长空，鱼翔浅底"的气魄！相信你们在未来三年定能勇攀高峰、不负韶华！

主持人 B：（变字之后）看哪，同学们伴着音乐，舞动红旗，舞出一片似火的海洋。1921 到 2021，百年的征程由我们延续，未来的荣光由你我共享！运动员方阵昂首阔步，笑迎秋风显豪情；风云赛场，热血青年尽全力。现在向我们迎面走来的是手持红伞的初一运动员们。他们教室里挥斥方遒，赛场上奋勇拼搏。他们青春正好，怀揣无畏的勇气。他们风华正茂，抱定必胜的决心。你们认真的模样，就是最美的奖状。

主持人 C：今天，我们站在奥体中心，这里是园区的心房；今天，我们吹响青春的号角，这是时代的心脏。祖国啊，我们永远都是少年，永远在筑就梦想的路上。"未来属于青年，希望寄予青年"，强国有我，是青年的自信；强国有我，是青年的担当。接下来请欣赏由高一年级带来的朗诵《红心向党》（图 3-13）。

图 3-12　广播操表演

图 3-13　朗诵表演

主持人 D：下面有请西附初中初二学生带来健美操表演《律动飞扬》（图 3-14）。

图 3-14　健美操表演

主持人 A：表演解说。动感的音乐声中，彩球挥舞；整齐的舞蹈之上，气贯长虹！山河气吞，鱼跃龙门，书写无悔青春；左踏乾坤，右揽星辰，定是初二精神。步伐中，是气宇轩昂的景象；口号声，是并肩作战的愿望。长风破浪时，我们朝气蓬勃心怀梦，直挂云帆处，且看我初二霸气威武！

主持人 B：有请西附高中高一学生带来团体操表演《西附之光》。

主持人 C：高一年级的团体操表演果真是令人震撼，下面的演出一定会让整个奥体"炫"起来！有请西附高中黑雾乐队带来《炫动奥体》。

主持人 C：炫动的奥体激情澎湃，更精彩的节目依然继续。下面有请西附初中初三学生带来武术操表演《灵动津梁》。

主持人 D：表演解说。中华武术，源远流长，传承千年璀璨文化；中华武魂，博大精深，孕育世代英雄儿女！阵列方形，做人必堂堂正正；扇舞青春，做事必清清朗朗。挺立的是脊柱，撑起的是栋梁。少年精神，勇毅自信，壮怀激越；书生意气，挥斥方遒，志与天齐！西附少年，踏石留印，当自强！

主持人 A：青春是充满活力、无所畏惧的，青春可以带着自己的梦想飞翔在人生的天空上，青春的烦恼是转瞬即逝的，青春就是我相信我是自己的主人。赓续百年新时代，融健乐体致青春，西附，我们一起冲！有请西附高中学生带来合唱《唱响未来》（图 3-15）。

主持人 B：让我们衷心感谢初高中师生带来的精彩演出！

图 3-15　合唱表演

主持人 C：同一个校园，同一个追求。

主持人 D：我们同欢乐，共追求。

主持人 A：我们驰骋赛场。

主持人 B：挥洒豪迈。

主持人 C：我宣布，"赓续百年新时代、融健乐体致青春——2021 西附高中初中秋季联合田径运动会"开幕式到此结束！

主持人 D：请大家稍做休息，不要走开！即将开始的是教工暖场比赛，趣味毛毛虫接力和 8×50 米接力跑！让我们为自己亲爱的老师加油喝彩吧！

（二）体育竞赛

（1）教工趣味毛毛虫接力比赛、教工 8×50 米接力比赛。（初高中各四队）

（2）学生运动比赛。（略）

（三）闭幕式

主持人 A：尊敬的各位领导、老师，亲爱的同学们，大家下午好！

在学校各位领导的大力支持下，在全体运动员、裁判员、工作人员的共同努力下，经过为期两天的激烈比赛，我们圆满地完成了运动会的各项比赛项目，让我们以热烈的掌声对运动会取得圆满成功表示祝贺！下面有请西安交通大学苏州附属中学钱明坤副校长宣布本次运动会成绩。

让我们用热烈的掌声对以上取得优异成绩的运动员和班级表示真诚的祝福。

主持人 B：下面举行颁奖仪式（图 3-16，图 3-17），请获奖班级派代表上台，有请西安交通大学苏州附属中学徐正伟校长，西安交通大学苏州附属中学钱明坤副校长、司庆强副校长为获奖班级和同学颁奖。

图 3-16　颁奖仪式（一）　　　　　图 3-17　颁奖仪式（二）

让我们再次以热烈掌声向他们表示祝贺。

主持人 A：有请西安交通大学苏州附属中学徐正伟校长致闭幕词。

主持人 B：在闭幕式即将结束的时候，让我们再次以热烈的掌声向为本次运动会做出贡献的每一个人表示衷心的感谢！我们期望全体师生把校运会上团结奋斗、顽强拼搏、乐观向上、锐意进取的精神发扬光大，把体育运动中的坚强意志、冲天干劲和竞争意识运用到今后的工作和学习中去，以便能在今后的工作、学习和生活中取得更加丰硕的成果！

主持人 A：闭幕式到此结束。我宣布，"赓续百年新时代、融健乐体致青春——2021 西附高中初中秋季联合田径运动会"胜利闭幕。

请运动员、裁判员、全体同学按顺序退场。

五、活动总结

著名教育家苏霍姆林斯基曾经说过："我们力求使学生深信，由于经常的体育锻炼，不仅能发展身体的美和动作的和谐，而且能形成人的性格，锻炼意志力。"学校举办的体育节运动会是苏州首个在城市奥林匹克中心举办的校园运动会，让学生们在高规格的运动场上体验体育竞技力量与团结和谐的集体精神，帮助学生在体育锻炼中享受乐趣、增强体质、健全人格、锤炼意志，实现文明其精神、野蛮其体魄的目标。目前，我国的体育教育事业处于如火如荼的发展阶段，学校应坚定不移地开展体育教育、增加体育活动、举办体育赛事，促进体育教育事业进步，成就学生的全面发展。

心成长，心动力

——"校园融心"心理节

一、活动背景

中学生正处在身心发展的重要时期，随着生理、心理的发育和发展、社会阅历的扩展及思维方式的变化，特别是面对社会竞争的压力，他们在学习、生活、自我意识、情绪调适、人际交往和升学就业等方面，会出现各种各样的心理困扰或问题。因此，开展心理健康教育是学生身心健康成长的需要。融心心理节是学校五大活动之一，更是宣传心理健康教育，普及心理健康知识的载体。每年，学校根据同学们的需求，精心设计，从学生、教师、家庭三个层面，开展丰富多元的心理教育活动，助力同学们建设温暖的同伴关系、积极的师生关系以及和谐的亲子关系。

二、活动目标

为进一步宣传心理健康教育知识，营造和谐、健康、积极向上的校园心理健康教育氛围，特举办以"心成长，心动力"为主题的融心心理节活动，引导学生关注心理健康和身心成长，促进教师关爱自己，提高家长的家庭教育指导能力。

三、活动准备

（1）融心社学生准备系列心理健康节宣传稿，在活动前广播播放。
（2）心理教案组准备悬挂相关横幅、彩旗，营造浓厚氛围。
（3）各班级以"心成长，心动力"为主题，出一期黑板报。
（4）采购心理节相关物品，包括团体辅导道具、有奖问答奖品等。

四、活动内容

（一）"说给成长的心理悄悄话"漫画、主题小报评比

（1）活动时间：10月10日—10月20日。

（2）活动对象：高一年级、高二年级学生。

（3）活动要求：

① 以漫画或主题小报形式展现成长的困惑、思考与感悟，内容积极健康。

② 图文并茂，注明班级、姓名和作品名称，作品将在领读广场展示，并由各班代表打分。

③ 奖项设置：高一，一等奖 6 个，二等奖 6 个，三等奖 7 个；高二，一等奖 5 个，二等奖 6 个，三等奖 7 个。

附：优秀作品（图 3-18）

图 3-18　优秀作品

（二）秋日心语

（1）见字如面，尺素传情（图 3-19）

① 活动时间：10 月 10 日—10 月 20 日。

② 活动对象：高一、高二、高三学生及家长。

③ 活动要求：

书信形式有利于家长与孩子真诚沟通，走近彼此，增进亲子关系。各班班主任组织家长给学生写一封信（自备信封和信纸），10 月 20 日交给班主任，班级可以此开展一节亲子沟通、感恩等相关主题班会课。

愿意分享的家长，将信件交至班主任，由德育处牵头，录制音频，在学校广播播出和学校微信公众号上展示。

（2）感恩有你，一路同行（图 3-20）

① 活动时间：10 月 25 日中午 12：30—13：30。

② 活动对象：高一、高二、高三学生。

③ 前行路上，老师、同伴亦是重要他人，是我们支持系统的一部分。通过写下对自己、同伴或者老师的祝福、鼓励或道歉的话语，促进沟通，增进关系。

④ 活动要求：心理组和融心社提前布置领读广场，准备好便利签、纸、笔、空白展板。将前来参加的同学所写的祝福、鼓励等张贴到展板上。

图 3-19　活动一

图 3-20　活动二

（三）关注教师心理健康：我为 TA 助力

（1）活动时间：10 月 15 日—10 月 25 日。

（2）活动对象：全体教师。

（3）活动要求学生表达对老师的感谢，教师通过给同事的一句话为彼此的教育生涯注入活力，表达支持。由融心社学生、心理委员走进教师办公室，采访老师，录制视频等。

（四）心为影动——优秀心理电影展映

（1）活动时间：10月15日—10月25日。

（2）活动对象：高一、高二、高三学生。

（3）活动要求：利用周末时间与家长一起观看心理组推荐的优秀心理电影，共度亲子时光。通过观看和解读心理电影，认识自我、学会沟通和交流、学会调节和控制情绪，形成积极的体验和积极的人格。

优秀心理电影推荐：《心灵捕手》《肖申克的救赎》《美丽心灵》《心灵点滴》《当幸福来敲门》《叫我第一名》《美丽人生》《地球上的小星星》《寻梦环游记》《遗愿清单》《触不可及》《垫底辣妹》《风雨哈佛路》。

（五）融心悦读：好书分享

（1）活动时间：2021年10月10日—10月25日。

（2）活动对象：高一、高二学生。

（3）活动要求：书籍的力量可以改变人的一生，通过录制音频的方式，进行好书分享启迪学生思考，为学生提供成长心动力。

学生分享的书籍：《活出乐观的自己》《身份焦虑》《人生值得》《少有人走的路》《你当像鸟飞往你的山》《自卑与超越》。

（六）团体心理辅导

（1）活动时间：10月27日班会课。

（2）活动对象：高一年级学生。

（3）活动要求：本次活动由年级部负责召集组织，体育组负责场地分配，准备话筒和音箱，心理组提前放好器材，负责现场主持。因现场容易混乱，各班主任需熟悉活动要求，全程在场，关注学生安全，负责本班活动有序开展。此外，班长、副班长和心理委员为组织者和协调者，提前分好小组；当人数分配不均等时，剩余的同学可以当裁判或者啦啦队助力；活动中，班主任负责拍照，维持班级秩序，精彩照片打包发给德育处。

① 坐地起身（图3-21）。将班级学生分成4组，每组先派出两名成员，背靠背坐在地上，双臂相互交叉，合力使双方同时站起。以此类推，每组每次增加2~3人，如果尝试失败需要再来一次，直到成功才可再加人。如果小组提前完成了任务，还想要挑战更多人，可以去其他组征集成员，最后人数最多、用时最少的一组获胜。让学生从游戏中体会协作的乐趣，增强团体归属感。

② 一圈到底（图3-22）。全班同学排成一队（纵队），手拉手，传递呼

啦圈，中间不可以松手。每个队员都需要从呼啦圈中钻过去。呼啦圈重新回到起点后，本轮游戏结束。注意要安排计时员和监护员。尽量跟着呼啦圈移动，这样当钻圈的人不小心被绊倒时，他们可以及时保护和搀扶。活动旨在让同学们学会灵活应对变化，增强团体归属感，培养集体观念。

③ 九人十足（图3-23）。将学生分为3组，每组8条绑带，18人为一组，其中9人在起点，9人在终点。起点9人并排站立，将绑带绑在脚踝上处。组员配合完成，全部到达终点后，将绑带给小组另外9人，返回起点，用时最短者为胜。没有参与的同学可作计时员、啦啦队队员。

④ 心有千千结（图3-24）。全班同学分成两组，手拉手围站成一个圆圈，记住自己左右手各相握的人。在背景音乐中，大家放开手，随意走动，音乐一停，脚步即停。找到原来左右手相握的人分别握住。小组中所有参与者的手都彼此相握，形成了一个错综复杂的"手链"。在节奏舒缓的背景音乐中，要求大家在手不松开的情况下，用各种方法，如跨、钻、套、转等，将交错的"手链"解成一个大圆圈。注意：自由活动范围不宜过大。此活动旨在培养学生间的默契和沟通能力，使学生体验到遇到困难时，只要用心、努力，一定可以解决。

图3-21 坐地起身

图3-22 一圈到底

图3-23 九人十足

图3-24 心有千千结

五、活动总结

　　一年一度的融心心理节是学校心理健康教育的特色活动之一,丰富的活动贴近学生发展的需求。学校心理健康教育注重培养学生积极的心理品质,心理修养,为学生接受德育、智育、体育、美育等素质教育提供良好的心理条件。

艺术谱写初心，唱响时代未来

——校园融韵艺术节

一、活动背景

2020年发布的《普通高中音乐课程标准（实验）》明确提出：高中音乐教学要注重学生的个性发展，以音乐审美为核心，发挥音乐艺术特有的魅力，培育学生美好的情感和健全的人格。由此可见，高中生的艺术感受、审美和表现力等已经成为现代社会综合型人才必须具备的素质，高中学校要肩负起培养学生艺术素养的重任，给高中生提供多元化的音乐资源，建设艺术特色课堂，开展丰富的艺术活动，调动高中生的主动性和创造力，将艺术教育渗透到校园生活的各个环节，使全体高中生都受益。然而，高中阶段留给艺术教育的资源与时间往往十分有限。针对现实情况，一是可以在学校中开设音乐选修课程，让对音乐艺术有兴趣的学生选修，促进学生个性化发展；二是在全校范围内开展主题音乐艺术校本活动，以比赛、表演、欣赏等形式展开活动，在集体活动中激发高中生的音乐情感，拓宽高中生的音乐知识面，了解音乐艺术反应的时代特征与历史文化，让学生学会欣赏音乐、感悟音乐之美。

为了庆祝中国共产党成立一百周年，传承革命先烈的奋斗精神，培养学生的爱国情怀与忧患意识，展现当代学生政治新态度、爱国新方式、思想新动态，分享新一代学生成长新风貌，特举办此次融韵艺术音乐主题教育活动。活动旨在借助音乐艺术的呈现形式，使学生回顾中国共产党百年的历史，学习百年奋斗精神，再将时代新气象与校园文化相结合，充分展示西交大苏州附中学子的新精神新面貌，进而促进学生不忘初心，砥砺前行。此次活动，能够充分反映当代学生新的精神面貌，以声音演绎新精神，用音乐丈量新梦想，展现西附学子的青春气息。同时，更希望本次活动能够以声音唱响主旋律，用才艺展现新风貌，对校园精神文明新风尚的建设起到积极作用。

二、活动目标

（1）认知目标通过音乐欣赏、歌曲合唱等环节，学生能够了解中国共产党成立100周年的艰辛历程与奋斗历史，感受不同时期时代的变化，认识到如今的幸福是多么的来之不易。

（2）行为目标学生能够正确说出中国共产党成立100周年里的重要相关事件，认识中国共产党的领导地位，并且能够反思自身，以身作则，从生活中的小事做起，认真做好每一件事，能够居安思危，为实现中华民族伟大复兴而不懈奋斗。

（3）情感目标引导学生在"音乐之旅"中激发自己的爱国热情，引领学生树立远大志向，增强实现中华民族伟大复兴的使命感与责任感。营造和谐向上、健康文明的校园艺术文化氛围，迎合"求真、至善、达美"的校风与治学理念。

三、活动准备

（1）活动主题：活动（一），"艺术谱写初心"；活动（二），"湖东好声音，同心唱未来"。

（2）校外人员苏州交响乐团团长、苏州交响乐团成员、苏州芭蕾舞团成员、西附家委会成员。

（3）校内人员西附全体师生。

（4）活动素材反映共产党百年历史的音乐艺术作品、反映青春向上的音乐舞蹈作品。

（5）活动形式"艺术谱写初心"高雅艺术进校园主题活动；"湖东好声音，同心唱未来"文艺会演。

（6）活动场地西安交通大学苏州附属中学树人剧院、苏州文化艺术中心演艺厅。

四、活动过程

（一）"艺术谱写初心"高雅艺术进校园主题活动

1. 导入

主持人："走得再远、走到再光辉的未来，也不能忘记走过的过去，不能忘记为什么出发。"亲爱的老师同学们,欢迎参加西安交通大学苏州附属中学2021庆祝建党100周年"艺术谱写初心"高雅艺术进校园主题活动(图3-25—图3-28)。历史的一头连着光荣的过去,一头通向光辉的未来。而今,我们进入新发展阶段,面临新机遇、新挑战,迫切需要从党史中学习先辈们艰苦奋斗、不畏艰辛的精神,并转化为干事创业的强大动力和生动实践,在中华民族伟大复兴征途中唱响青春之歌。本次高雅艺术进校园活动我们有幸邀请到苏州交响乐团团长为我们主讲,从这百年来的经典音乐艺术讲述中国共产党的百年征程,带领全体师生赏析音乐背后的故事。同时,苏州交响乐团与苏州芭蕾舞团的成员也给我们带来经典音乐片段的表演,让我们用热烈的掌声欢迎他们的到来!

图3-25 艺术进校园主题活动(一)

2. 活动过程设计

音乐是时代的一面镜子,每个时代都有反映时代面貌的音乐代表作。主讲人从不同时期的作曲家入手,讲解大家耳熟能详的经典曲目背后的故事,带领全体师生走进音乐所代表的那个特殊年代。

图3-26 艺术进校园主题活动(二)

（1）开天辟地大事变。

主讲人讲述中国共产党诞生的时代背景，1921年在嘉兴南湖的一艘小船上，中共一大召开，中国共产党宣告成立，这是中国共产党一百年跋涉奋进的历史起点，也是中国社会发生沧桑巨变的历史起点。历史发展的大逻辑，决定了中国共产党诞生的历史必然性。

活动1：全体师生合唱《国际歌》，追溯百年辉煌党史的开端，唤醒老师同学们的红色记忆。认识《国际歌》背后的早期中国共产党人，探讨《国际歌》对中国的社会影响。

主讲人：1920年中国首次出现由瞿秋白译成的中文版《国际歌》。1923年由萧三在莫斯科根据俄文转译、由陈乔年（陈独秀之子）配唱的《国际歌》开始在中国传唱。1962年中国音乐家协会和中央人民广播电台邀请有关专家又重新加以修订，才成了现在我们传唱的版本。《国际歌》以雄浑磅礴的气势唱出世界各国人民对解放的向往，反映了世界共产党人的追求，影响之深远，各位老师和同学能说一说它给中国带来了哪些影响吗？

师生讨论，分享。

教师1：《国际歌》从苏联传入中国，有了这些优秀的早期共产党人翻译，使得共产主义思想在中国逐渐广泛传播，越来越多的民众了解到共产主义，更使得部分有志青年参与到早期党组织中，新文化运动、五四运动为马克思主义的传播提供了崭新的历史方向，为建立中国共产党奠定了组织基础与群众基础。这一时期，共产国际对中国共产党的建立提供了重要帮助。

学生1：《国际歌》还是中国共产党全国代表大会的演奏歌曲。从中国共产党第三次全国代表大会起，每次中国共产党全国代表大会及地方各级代表大会闭幕时和党的重大活动结束时，都会演奏《国际歌》。

主讲人总结：1926年，中国青年社出版了中国第一本革命歌曲集《革命歌声》，收入《国民革命歌》《工农兵联合起来》《农工歌》《国际歌》《少年先锋队歌》等15首歌曲。共产党成立初期，这些传播着马克思主义、共产主义思想的经典歌曲，已经出现。

（2）擎天撼地大胜利，改天换地大建设。

主讲人：随着党的一大的召开，中国共产党的百年征程也由此拉开帷幕。1921年到1949年，是中国共产党领导的新民主主义革命时期。这一时期经过了建党、大革命、土地革命战争、全民族抗日战争和全国解放战争等阶段。在28年艰苦卓绝的斗争中，中国共产党领导中国人民取得了伟大胜利。

《黄河大合唱》作于1939年3月。这部作品以黄河为主题，热情歌颂中华民族源远流长的光荣历史和中国人民坚强不屈的斗争精神，痛诉侵略者的残暴和人民遭受的深重灾难，广阔地展现了抗日战争的壮丽图景，从而塑造了中华民族巨人般的英雄形象。其中，《保卫黄河》以响亮的口号、铿锵有力的节奏广为流传，"保卫黄河、保卫华北、保卫全中国"的歌声在中华大地广为传唱。

活动2：交响乐演奏经典曲目，讲述音乐背后的故事。苏州交响乐团演奏《黄河大合唱》中的第七乐章《保卫黄河》，全体师生欣赏，感受用交响乐演奏出的这首经典曲目，并请师生分享自己的体验与想法。

学生2：这是我第一次近距离地欣赏交响乐演奏，并且演奏的曲目还是我们耳熟能详的《黄河大合唱》中的《保卫黄河》。在此之前我只听过合唱版本的《保卫黄河》，它以不同声部、不同节奏表现出抗日救亡的紧迫与人民群众奋起拼搏的如黄河翻涌般的磅礴气势。而交响乐版的《保卫黄河》用西式的管弦乐器，描绘出更加恢宏、雄伟、开阔的抗日战争的鲜活画面，我深切感受到在那个时代，人民群众对民族解放的向往、反抗侵略者的不屈意志与爱国主义精神。

活动3：苏州交响乐团与苏州芭蕾舞的几位成员上台表演《白毛女·北风吹》的片段，通过小提请与大提琴的合奏，芭蕾舞演员的深情演绎，为师生们带来一场高雅艺术表演，重现20世纪40年代中期人民群众在中国共产党领导下争取自由解放的革命斗争历程。

图3-27 艺术进校园主题活动（三）

主讲人：《北风吹》是整部歌剧中最脍炙人口的唱段之一，由河北民歌《青阳传》改编而成，描绘了活泼、可爱、天真、纯朴的喜儿与男主人公大春之间纯真的爱情故事,表现出人民解放后喜悦的心情和对未来美好生活的向往。这首音乐诞生在延安时期,这一时期的音乐特点是:艺术服务于人民,艺术服务于政治,充分反映了人民群众抗战的需要,同时也展现出那个时代的朴实内容。

随后主讲人为师生播放《解放区的天是明朗的天》歌曲片段,作曲家刘西林根据家乡沧县南部和盐山一带的民歌《十二月》记谱、改编,重新填词,形成了这首传唱不衰的经典歌曲。歌曲曲调明亮活泼,是八句体单乐段结构,歌词朗朗上口,热烈直白地表达出人民对共产党由衷的感激之情。

接着主讲人带领全体师生欣赏苏州交响乐团与苏州芭蕾舞团合作带来的《唱支山歌给党听》表演。1963年,全国上下掀起向雷锋同志学习的高潮。作曲家朱践耳为此谱写了歌曲《唱支山歌给党听》,成为那个时代背景下应运而生的民族符号。

图3-28 艺术进校园主题活动(四)

欣赏完这一阶段的音乐作品,老师同学们发表自己的感想。

学生3:通过主讲人的讲述,乐手的演绎和舞者的身姿,我们知道了《黄河大合唱》是抗日战争时期鼓舞士气、鼓舞斗志的音乐;《白毛女·北风吹》体现了延安时期"艺术服务于人民,艺术服务于政治"的特点;《唱支山歌给党听》是全国解放时期庄重宏伟和满怀深情的音乐的代表。从音乐作品中,我感受到党奋斗的艰辛、顽强拼搏的精神与人民群众对党的信任。

教师2:冼星海、贺绿汀、聂耳、李焕之、朱践耳……在历史的特殊时期,这些作曲家们用一部部具有鲜明时代烙印的音乐作品,为中华民族的独立、解放与发展贡献着属于音乐工作者的特殊力量。我也深受感触,如今党已走过百年，我们在现代化社会中幸福地工作、成长，身为一名人民教师、一名共产党员，更应在讲台上发光发热，以身作则，向学生传播知识，教他们如何成人，为党和国家贡献出自己的力量！

（3）翻天覆地大跨越，惊天动地大复兴。

主讲人：1978年召开的党的十一届三中全会，实现伟大的历史转折，党和国家进入改革开放和社会主义现代化建设新时期。改革开放使得中国社会发生历史性变化，实现了翻天覆地的大跨越。党的十八大以后，以习近平同志为核心的党中央，提出并深刻阐述了中华民族伟大复兴的中国梦，明确"两个一百年"奋斗目标，形成了习近平新时代中国特色社会主义思想，全面开创了党和国家事业发展的新局面，使党和国家取得了历史性成就，发生了历史性变革。中国特色社会主义进入了新时代。在中国共产党的领导下，国家飞速发展，国家今日之貌与100年前相比，已然不同，但音乐、歌曲总能帮我们记下那段特殊的历史，讲述动人的故事。

《春天的故事》是中国改革开放的代表作品，是一代中国人的记忆。由蒋开儒、叶旭全作词，王佑贵谱曲。这首歌于1997年因大型文献纪录片《邓小平》的播出而唱遍大江南北。通俗的歌词，亲切的比喻，描绘出了改革开放政策给中国带来的巨大变化。

活动4：全体师生闭眼倾听《春天的故事》，感受歌词中描绘的那段历史。

主讲人：现如今，新时代依然涌现出许多优秀的主旋律音乐作品，这些作品大多脍炙人口，大家能举出一些例子并讲一讲这些歌曲给你带来的影响吗？

教师3：2008年北京奥运会成功举办，我牢牢记住了《歌唱祖国》这首歌，开幕式上看着五星红旗在童声中庄重地缓缓升起，内心油然而生一种自豪、一种感动，在那一刻我感受到了祖国的温暖与强大，也更坚定了我入党的决心，将来要跟随着党，投身实现中华民族伟大复兴的事业中，全心全意为人民服务。可以说，今天我作为一名教师站在这里，也正是受了当年这首歌的感染。

学生4：两年前的国庆节，我在电影院里观看了《我和我的祖国》这部电影，电影由几段不同时期的小故事组成，有笑有泪，温馨感人，尤其是电影结束后，歌手王菲用婉转的嗓音唱出《我和我的祖国》这首我们耳熟能详的歌曲，将祖国的故事娓娓道来，我的眼泪就控制不住地流了下来。虽然没有亲身经历那波澜壮阔的历史，但党的成长、祖国发展的过程仿佛就在我的眼前。我也深感幸运，出生在如今这个现代化社会，生来就感受到祖国的强大，享受到前人奋斗的成果。我必须更加努力，认真学习，坚定自己的理想信念，不辜负党和国家的栽培，争取成为一名对党和国家有贡献的人！

活动5：学校合唱团师生上台领唱，全体师生举起手中的国旗、党旗，合唱新时代红歌《我和我的祖国》，在歌声中结束这次高雅艺术进校园活动。

3．活动总结

主持人：寓教于"乐"、以美育人，"艺术谱写出新，唱响时代未来"在音乐中领略百年党史的非凡成就，歌颂悠悠百年的历久弥新。今天的高雅艺术进校园主题音乐活动，感谢苏州交响乐团、苏州芭蕾团，感谢各位老师和同学们的积极参与和精彩发言！通过这场特殊的音乐活动，各位教师与同学再次感悟中国共产党的初心、使命和百年奋斗历程，感悟中国共产党的革命精神和豪迈气概。未来，相信全校师生在时代发展的新征程上，亦将赓续红色血脉、汲取党史力量，发扬革命精神，不断奋勇向前！

（二）"湖东好声音，同心唱未来"文艺会演

1．导入

主持人："好声音好梦想，新联盟新天地"，尊敬的各位老师与家长，亲爱的同学们，欢迎大家在这个冬日来到苏州文化艺术中心。为了展现当代学生政治新态度、爱国新方式、思想新动态，分享新一代学生成长新风貌，本次活动由西安交通大学苏州附属中学举办，邀请湖东片区优秀初中校及西交利物浦大学的学生同台会演（图3-29），以声音唱响主旋律，用才艺展现新风貌，同讲教育故事，共绘发展蓝图，将时代新气象与校园文化相结合，让新的当代价值更加凸显，充分展示湖东学子的新精神、新面貌，进而促进学生不忘初心，砥砺前行。同时，苏州工业园区教育、公安、消防等社会各界人士应邀出席，园区学校师生、家长代表也盛情观演，共同见证湖东教育高质量发展的风采和硕果。

图 3-29 文艺会演（一）

2．活动过程

（1）校长致辞。

西安交通大学苏州附属中学校长徐正伟先生致辞："2020 年，是不平凡的一年，有凝重，有激情，有关怀，有奋斗，有理想。献演的学子们用精彩的节目诠释着平凡人不平凡的精神。今天，湖东各学校的大学生、高中生、初中生们用真情的嗓音、欢快的旋律，同唱一首歌，同心向未来，用好声音为我们见证的 2020 的不平凡加上梦想的注脚、年华的印记。"

（2）"西附"好声音十佳歌手（图 3-30）串烧。

西安交通大学苏州附属中学的十佳歌手活力演绎青春力量，东沙湖学校的交响乐团惊艳亮相，西安交通大学苏州附属初级中学的舞蹈娇俏灵动。

图 3-30 十佳歌手

（3）《方洲路 598 号的故事》原创音诗画（图 3-31）节目。

西交大苏州附中党员教师，与基地班学生共同带来的原创音诗画情景朗诵——《方洲路 598 号的故事》感染全场，西附师生共同演绎出一幅青春校园画卷。

图 3-31 音诗画

（4）学生合唱《大鱼》（图 3-32）。

西安交通大学苏州附属中学合唱团的同学们为大家带来动听的合唱《大鱼》。

图 3-32 合唱《大鱼》

（5）家长合唱《我和我的祖国》（图 3-33）。

西安交通大学苏州附属中学的家长代表团合唱《我和我的祖国》。

图 3-33 合唱《我和我的祖国》

（6）西附纳米班学生合唱《我们都是追梦人》（图3-34）。

西交大苏州附中首届纳米班学生合唱《我们都是追梦人》，带领大家共同畅想伟大中国梦，振奋了在场的所有人。

图3-34　合唱《我们都是追梦人》

（7）四校教师合唱。

湖东四所学校的教师代表登台合唱《共筑中国梦》（图3-35）、《同心唱未来，共唱一首歌》，将活动推向高潮。2020年的凝重与挑战齐袭、奋斗与理想共进，但正如西安交通大学苏州附属中学徐正伟校长在开场致辞中提到的，大家同唱一首歌，同心向未来，走过春秋，走过不平凡。携手珍惜新年华，开创新天地！

图3-35　合唱《共筑中国梦》

主持人：这场演出谋划已久，它既是学生品牌活动"校园十佳好声音"的升级，同时更是实践新时期学校德育工作改革与创新的大胆尝试，以地域相近的方式融合大、中、小学教育资源，共同开展德育活动。同时也是我校党建品牌"十日的故事"的又一次讲述。这就是我们追求并努力在实践的"大德育做法"，也体现了未来学校间资源将更为融通整合的课程发展趋势。用一所学校的变迁折射出园区湖东十六年的发展，表达出湖东各所学校对这个时代、对伟大祖国的盛赞！

3．教师、学生、家长的感想

教师4：我参与了《方洲路598号的故事》这个节目的演出，其中有这样一些语句："筚路蓝缕，以启山林，长征路上响起奋斗者的足音"，让我感触颇深。园区湖东学校的发展也是整个开发区的发展，通过这样的活动，师生都能理解家国情怀，感恩伟大的时代。

学生5：一路有多少处风景，又有多少值得我们驻足欣赏？一生有多少寸光阴，又有多少个三年值得一读再读？在这里，2020级高一基地班的43名学生，成了方洲路598号最美的风景；我们胸怀大志，脚踏实地，青春已崭露锋芒。在未来，最好的我们，披上年少的战袍，素履以往；展开梦想的翅膀，恣意翱翔；帷幕落下，荣耀永不退场；秋风已去，激情依旧飞扬！

家长1：很高兴能够参加此次"湖东好声音，同心唱未来"活动，并作为家长代表登台表演合唱节目——《我和我的祖国》，我的孩子也参加了《大鱼》的合唱，我的心情非常激动，感谢西交大苏州附中提供这么大一个平台，能让我和孩子在同一个舞台上表演，促进了家校的融合，拉近了我和孩子间的距离，使我真正体会到什么是家校共育、合作育人、以美育人。

五、活动总结

教育学家杜威认为：美来源于生活，生活是美的源头。运用体验式的艺术教育方式，让学生在"高雅艺术进校园"的艺术体验活动与"湖东好声音"文艺会演实践中拉近美与生活的距离。学生在校园融韵艺术活动中，体验、参与、建造、制作……逐步培养自己的艺术潜能。目前，我国的艺术教育行业仍处于发展阶段，并且还具有很大的发展空间。因此学校更需要开展艺术教育、增加文艺活动，促进学生的全面发展。

在阅读中成长，在环境中绽放
——校园融会阅读节

一、活动背景

读书使人明智，读书使人高尚。为了深入实施素质教育，创建良好的校园文化，营造浓郁的读书氛围，西安交通大学苏州附属中学每年举行校园阅读节，旨在激发师生读书的兴趣与热情，让每一位师生都亲近书本，喜爱读书，学会读书；让每一位师生在读书活动中沐浴文化的滋养，接受传统的洗礼，享受阅读的快乐。

教育家杜威曾说过"教育即生活"，认为教育不仅仅是传授知识，更要与生活融合。西安交通大学苏州附属中学秉持这一开放的育人理念，为学生打造和提供一系列教育场馆和学习活动，旨在让学生浸润在多元的生活实践中，自发思考，自在成长。

书是人类的朋友，书是人类进步的阶梯！每年 4 月 23 日为"世界读书日"，设立"世界读书日"目的是推动更多的人去阅读和写作。疫情当前，居家生活，举办本次活动是为了拓宽学生的知识面，激发学生读书的兴趣，让每一个学生都想读书、爱读书、会读书，养成热爱书籍，博览群书的好习惯，并在读书实践活动中陶冶情操，获取真知，树立梦想！

二、活动目标

（1）通过活动，学生能够养成热爱读书，博览群书的好习惯。
（2）通过活动，学生能够从书本中得到心灵的慰藉，寻找生活的榜样，净化自我的心灵。
（3）通过活动，学生能够更新知识，活跃思维，实现综合能力的提高。
（4）通过活动，学生能够与经典、好书交朋友，营造良好的读书氛围。

三、活动准备

活动时间：3月23日—4月23日。

参与人员：全校师生共同参与，鼓励家长积极参加。

活动准备：

（1）营造阅读氛围（4月10日前完成，总务处、德育处负责）。

① 在行政楼、教学楼、宿舍电子屏等阵地张贴宣传标语、名人名言等，营造一种浓郁的读书氛围。

② 各班设计"悦读角"（建议用教室的白板），张贴"好书推荐""读书心语"等，让同学们交流读书的心得体会，在班级中形成良好的读书氛围。

③ 举行"阅读，是与我们相伴一生的精神家园"主题班会课，可以邀请语文老师和部分爱好阅读的家长，鼓励全班阅读。

④ 开展家庭亲子共读活动。

（2）日常阅读安排（语文、英语组负责）。

① 利用早读课，美文分享。

② 每晚半小时，结合德育处家庭教育项目课程，鼓励亲子阅读。

④ 节假日、双休日学生每天自觉阅读2小时，形成习惯。

（3）阅读内容推荐（语文、英语组和图书馆负责）。

① 学生推荐书单由语文组和英语组共同完成，分备课组制定。

② 教师阅读书单由校办和图书馆确定。

（4）活动过程中的信息技术支持（信息中心负责）。

（5）各项活动的相关报道、微信公众号推送、媒体报道（校办负责）。

四、活动过程

（1）邀请优秀毕业生和校内老师以视频音频的形式发出阅读倡议，分享阅读心得体会（4月3日前完成）。

（2）"古韵今风"（图3-36）展示活动（4月23日，高一、高二语文组负责）。

三、放心学生篇

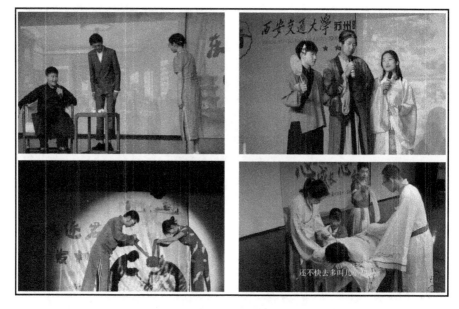

图 3-36 "古韵今风"

(3) 征文比赛（4月15日前完成，高三语文组负责）。
(4) 英语续写故事比赛（4月15日前完成，高二英语组负责）。
(5) 易加口语趣配音（4月20日前完成，高一英语组负责）。
(6) 方洲夜读微信公众号推送10篇原创（4月20日前完成）。
(7) 制作一期《湖右翰墨》（4月23日前完成，文学社、树人剧社负责）。
(8) 亲子共读分享活动（4月25日，德育处负责）。
(9) 青年教师读书报告会（5月4日，教师发展中心负责）。
(10) "他展·你选·我购"读者荐购活动。

五、活动分享

学生1：剧本的创作对话剧排练以及演出成效有重要影响，好的剧本不仅在剧情文字上细致打磨，还需结合场地、道具给演员适当的动作、情感提示。为了达到满意的效果，同学们可是挖空心思绞尽脑汁来想方案和亮点。

学生2：一开始接受剧本创作的任务是因为感兴趣，不承想问题很快便出现了——如何将文中的侧面描写表演出来？这就需要给人物丰富台词和动作提示，又需要与原著相应和，好在有另一位编剧穆乙萌帮助我完善细节，让最后的演出取得了不错的成绩。

学生3：中期排练辛苦多。为使演出呈现最佳的效果，各班导演、演员们真是煞费苦心。走场，对词，布景……每一滴汗水都让这个舞台焕发出生机。

于我个人而言，担任导演不仅是对领导力、统筹能力的考验，更是对个人耐心甚至体力的考验。在排练过程中，我看见了参演人员辛苦背诵台词，看见了他们不厌其烦地排练走位，每每看到这类瞬间，我都情不自禁地为他们竖起大拇指！

学生5：这是我第一次演话剧，凤姐是我顶喜欢的角色。拿到剧本，看见这么多台词并且要在短短一周后演出，我既兴奋又慌乱，但我还是毅然接受了这项任务。排练过程中，我感到剧组内部的团结非常重要，只有一颗星的夜空称不上星空，我们经历了许多困难，曾经也有小误会，但我相信这次别样的经历最终造就别样的精彩。

学生6：我是负责后期支持的。舞台上，同学们的表演活灵活现，后台，家长们各显神通，专业的道具、妆容给观众带来了沉浸式的体验。例如，饰演王熙凤的小演员头上戴着金丝八宝攒珠髻，绾着朝阳五凤挂珠钗；项下戴着赤金盘螭璎珞圈。七班家长精湛的化妆技术让王熙凤的瑰丽重现于舞台之上。

学生7：舞台呈现展风采。六月的风温柔轻抚，树人剧院如约敞开了大门。红楼的万千悲喜便在舞台绽放，灯光下，揽尽演员们的风采迷人。

学生8："演出已完美收官，但精彩片段仍徘徊在脑海中。宝玉的痴，王熙凤的泼辣，贾政的威严，贾母的慈爱……这些人物最鲜明的特点节目中都得到了充分体现。现场气氛的营造靠的不是无脑的玩笑和滑稽的表演，而是演员对角色的理解和演绎，从而创造的一种属于红楼的诗意和趣味。"

受邀前来观赏的还有各班的家长，看着自己的孩子在舞台上的动人表演，他们深受感动。

家长1：整场演出让我感到无比的惊喜。孩子们穿着古装向数百位观众呈现了一个个鲜活的人物。随着剧情而变化的背景，换场时的舞台布置等无不让我感受到导演、演员、场务对整场演出的用心。感谢西交大附中老师对孩子们的栽培。由于你们的辛勤付出，孩子们必将拥有灿烂的明天。

家长2：知识与生活的融合，才能培养完整的人。这次活动给高一同学一次展现个人魅力的机会。促进学生个人素质和综合素养的提升，集体荣誉感和凝聚力的汇聚，团体协作能力与心智视野的开拓……

家长3：读一本书，历经一种人生。读一本书，寻找精神的引领。读书的时候，我们纯洁而幸福，读书的时候，心底不再有烦扰，耳畔不再有喧嚣。吟诵一首诗，飞花流水恬静优雅，去寻觅无边的愉悦和感动；读一篇散文，生命本源情愫梦想，去探寻无尽的领悟和哲思；演一部红楼，爱恨情仇坎坷际遇，在另一种人生里发现自我！

黄老师：高一年级的古韵今风活动旨在培养同学们对话剧文化的鉴赏能力，深化对课本书目的理解。知识与生活融合，才能培养完整的人。这次红楼梦主题表演，会成为学生一次难忘的学习体验。

沈老师：除了高一年级的古韵今风，高二年级的树人话剧，高三年级的读书摘评比赛，属于青年教师的读书交流活动，每年的阅读节，书香满校园，而这一切源自西安交通大学苏州附属中学对于阅读的重视。在校园里，阅读可以随时进行。

冯老师：无论哪个班，无论演得怎么样，我都在台上看到了真诚。演员的真诚，编剧的真诚，导演的真诚。选择经典本来就需要勇气。为了更丰满地表现人物形象，有些班级甚至重新编写剧情，或者改变叙事结构，注入的心血都在细微之处。无论效果如何，散发出来的真诚——想为观众献上一出好戏的态度，不容忽视。

陈老师：融会图书馆是我校师生共享的图书馆。"融会"之名取自《朱子全书·学三》中的"举一反三""融会贯通"之意，旨在引导读者把各方面的知识和道理融化汇合，得到全面透彻的理解。作为我校一幢总面积为1 685平方米的独立建筑，图书馆由四层构成，内置馆藏图书共计74 738册，分为教育教学、工具书、艺术英语特色等多项门类。图书馆功能齐全，包括休闲、活动、借阅等多个场所，充分满足在校师生课余学习的需求，为立德树人创造良好的文化氛围。

六、活动总结

曾国藩说过："人之气质，由于天生，很难改变，唯读书则可以变其气质。古之精于相法者，并言读书可以变换骨相。"而西安交通大学苏州附属中学借举办读书节的契机，引导学生阅读古代经典著作，在精彩纷呈的课本剧表演中融入书香，让学生与经典为友、与博览同行，为学生的精神打底，为学生的人生奠基。

用创新点缀人生，让科技融入理想

——校园融创科技节

一、活动背景

50多年前，"两弹一星"的声响震撼了世界。在没有外援的情况下，我们的先辈靠着自主创新为共和国铸就了核盾牌，而今嫦娥探月，蛟龙深潜，中国天眼等大国重器更让世人惊艳。随着科学技术的不断发展，当今综合国力的竞争归根结底是科学技术和人才的竞争，而少年是祖国的未来，少年智则国智，少年强则国强。教育部也提出要培养学生科学精神、实践创新等科学素养，促使学生全面发展。高中学生正处在刻苦学习、三观建立、茁壮成长的阶段，让学生体验科学、应用知识、走进前沿，也是学校教育的必要方向。

二、活动目标

通过科技节活动，旨在弘扬"崇文、融合、创新、致远"的苏州城市精神和"求真、至善、达美"的校园文化，让学生进一步了解科学，热爱科学，激发学生对科学的兴趣，培养学生的科学精神，提高学生的科技素养、创新精神，走近科学，开展实验，进一步丰富学生的校园文化生活，深化学校的科技教育，为学生提供更多展现自我才华和提高自身科学素质的空间与平台。

三、活动准备

（1）成立我校学生科技节领导小组，负责科技节的组织领导、计划安排和工作协调。
（2）各学科结合学科特色设计科技节活动。
（3）社团发挥学生主观能动性，参与活动展示。

（4）聘请专家举办讲座，带领学生走进前沿科技。

（5）组织学生前往高新实验室，感受科学的魅力。

四、活动过程

（一）学科会场

1．物理实验大课堂

（1）魔术（图3-37）——神棍。

图3-37　魔术

一把任人控制的"光剑"，在空中挥舞，时而暗黑，时而闪亮，科技感十足，配上现场紧张动感的音乐，让人仿佛置身于《星球大战》之中。

（2）"它好会"系列静电实验（图3-38—图3-41）。

会"站立"的毛发——通过小型范德格拉夫起电机手摇发电，使电容器的上下极板带等量异种电荷，其中的毛发在静电力的作用下，纷纷"站"了起来。

图3-38　静电实验（一）

会"跳"的小颗粒——"顽皮"的小球在上下极板间不停地来回跳跃,时不时出现一道道"闪电"。

"千人震"——20名"勇士"走上舞台,手牵手连成一个圈,最两端的两名"勇士"同时接触事先已带电的范德格拉夫起电机上的两个小球,刹那间电荷传输,每个"勇士"都能感受到强有力的电流穿过身体。

图 3-39　静电实验（二）

图 3-40　静电实验（三）　　图 3-41　静电实验（四）

2．**魔幻化学实验展**（图 3-42—图 3-47）

（1）开场。

仙境：在大号锥形瓶中加入 10 mL 10% H_2O_2,再加入一匙 M_nO_2。

图 3-42 魔幻化学实验展（一）

剪彩：淀粉碘化钾试纸喷洒 H_2O_2、蓝色石蕊试纸上喷洒醋酸形成 welcome 字样。

（2）沸腾可乐：分别向雪碧、可乐、芬达中加入 4 颗曼妥思糖，观察现象。

图 3-43 魔幻化学实验展（二）　　图 3-44 魔幻化学实验展（三）

（3）热情的 84：两只高脚杯中倒满可乐与雪碧，分别加入一大勺漂白粉。取两只矿泉水瓶挤扁，分别加入 10 mL 84 消毒液和鲜花，再分别加入 1 mL 浓盐酸与醋酸或者威猛先生 10 mL。

在大号锥形瓶中加入 20 mL 消毒液，再加入 5 mL 10% 或 30% H_2O_2，用带火星的木条检验。

（4）大象牙膏：将约 30 mL H_2O_2 倒入杯子中，再倒入 10 mL 的洗洁精，另一个杯子中装水约 20 mL，再加入 H_2O_2 一小刮勺 KI，搅拌溶解。取 1 000 mL 量筒放在水盆中央，将 H_2O_2 与洗洁精混合溶液倒入量筒中，再将 KI 水溶液迅速倒入量筒中。

（5）美丽喷泉：两瓶氨气，大烧杯中分别加紫色石蕊和酚酞试液。

（6）七彩人生：三只烧杯，一只加入少量 KSCN、一只加入苯酚、一只加入氨水，同时加入 $FeCl_3$ 溶液，最后加入 EDTA。

图 3-45 魔幻化学实验展（四）

图 3-46 魔幻化学实验展（五）

（7）结束。

迷人的焰色：酒精棉上嵌入相应的盐，在铝板上摆成一条直线或者用棉花包裹相应的盐挂在杆上。

图 3-47 魔幻化学实验展（六）

3．生物血型大检测（图 3-48、 图 3-49）

（1）血型检测原理讲解：让学生从理论角度理论为什么血型可以被检测出来。

（2）医生团队培训：实际操作演示教会学生测试手法，形成专业团队。

（3）血型检测：专业团队为校园师生进行血型检测。

图 3-48 生物血型大检测（一）

图 3-49 生物血型大检测（二）

4．地理趣味大探究

（1）AR 地球活动：3D 技术让学生感受上知天文，下知地理，同时变出梦幻星空。

（2）拼图特色：拼情怀，拼手速，在拼图的欢乐里体验地理学习的乐趣。

（3）柯南地理大发现：了解千山万水世界奇景，碰撞思维火花。

5．通用技术大比拼

通用技术课每班设计一个作品参加展评。

小结：活动设计让学生从被动的课堂接受，转化成围绕主题的科学探究与展示。活动过程中，学生切身体会到了科学的魅力，学以致用，激发了学生的学习兴趣，增强了学习动力，促进了学生情感、行为、认知的统一协调发展，引导学生认识自我，关注社会，提升素养，全面发展。

（二）社团会场

1．纳米科技社

精选了10个涉及化学、物理、能源、环境、生物医药、纺织、建材等贴近生活的纳米趣味科学实验，带领同学们走进了神奇的纳米世界！

（1）纳米钢皂去除异味。

（2）四氧化三铁纳米颗粒超顺磁性磁流体。

（3）纳米自清洁纺织品实验。

（4）疏水性纳米涂料实验。

（5）产生荧光的纳米半导体材料——量子点、气凝胶低辐射隔热效果实验。

（6）纳米自清洁玻璃——荷叶效应。

（7）超长余辉发光纳米材料。

（8）短余辉稀土荧光纳米材料。

（9）范德华力胶带模拟壁虎实验。

（10）手机纳米液态膜。

2．航模社

（1）航模飞机制作：学生自己组队设计制作航模飞机，并试飞。

（2）无人机表演：无人机中集成雷达和视频可识别系统，由选手操控，结合地上的二维码地毯，为空中的无人机定位，通过预设程序，无人机能够跟着音乐节奏"跳动"起来。

3．广播社

提前收集科技前沿新闻形成新闻稿，连续一周在广播时间介绍前沿科技新方向。

小结：以核心素养的基本理念为指导，以培养学生思维、发展正确价值观念、必备品格和关键能力为目标，尊重学生的兴趣爱好，为学生提供舞台展示。活动过程中真正以学生为主体，立足学生兴趣特长，充分发挥学生的主观能动性，通过学生展示调动其余学生的积极性。实践过程中引导学生保持浓烈的研究兴趣，积极探索、主动体验，在体验中追求真知，体现个体价值，鼓励他们学会团结互助、严谨务实，培养学生创新精神和实践能力。

（三）高端体验

1．纳博会参展

组织学生参加纳米技术产业博览会，让学生近距离了解纳米新材料、微纳制造、能源与清洁技术、纳米生物技术、纳米技术应用等五大产业领域，涉及消费电子、航空航天、环境监测、环保等二十几个子领域的前沿科技产业，拓宽学生眼界。

2．走进冷泉港实验室

（1）实验课程体验。冷泉港实验室徐博士巧妙地从"细胞膜的结构成分"入手，以"洗手液洗油渍"为例，阐释"洗手液破坏细胞膜的原理"，引导学生通过实验，品味科学的精彩魅力。

（2）实验过程体验。让学生进行DNA的粗提取实验，激发其学习兴趣。

3．大咖讲座

（1）邀请昆山杜克医学物理硕士项目驻校主任黄英强教授举办医学物理科普讲座。

（2）邀请南京邮电大学沈建华博士举办《5G：联通万物通达未来》科普讲座。

小结：古希腊著名教育家柏拉图说："一个人从小受的教育把他往哪里引导，能决定他后来往哪里走。"前沿的科技活动开拓了学生的视野。在活动过程中，学生能主动探索和发现问题，并基于证据进行推理、探究、体验，激发好奇心和观察力。体验探究过程中，学生依据实际条件运用所学知识和方法解决生产、生活中简单问题，在实践过程中形成科学理念，养成严谨求实的科学态度。探究的过程中学生也初步具有发现问题、自主学习、独立思考、解决问题的素质和探究能力，为学生未来多元化发展以及核心素养的构建和提升奠定基础。

家校合融　成人之美

十八而志，责任以行

——十八岁成人仪式

一、活动背景

（1）高三的第二个学期，除了紧张的高考复习，学生们即将成人，迎来了青春最美的年华。

（2）《江苏省未成年人基本文明礼仪规范》，强调要突出抓好未成年人的"八礼四仪"。四仪之一就是在18岁时举行的成人仪式。

二、活动目标

（1）在人类生命发展中，从少年步入青年是人生的巨大转折点。"成人"意味着人生的独立，不再需要父母的庇护，意味着担负起责任，学会感恩。18岁也是立志好时节，让年满18周岁的学生懂得成人之责，学会关爱他人，立志成才回报社会和祖国。

（2）成人仪式是面向中学生加强思想政治引领和价值引领、培育和践行社会主义核心价值观的有效途径，是增强中学生团员先进性的重要载体。举办成人仪式旨在抓住中学生从未成年向成年转变的时机，对广大中学生进行理想信念教育、思想道德教育、国家观念教育、优秀传统文化教育，引导和帮助广大中学生树立正确的世界观、人生观、价值观，增强公民意识、宪法和法律意识、责任意识、感恩意识，从内心深处激发社会责任感和历史使命感，努力成为担当民族复兴大任的时代新人，为决胜全面建成小康社会、全面建设社会主义现代化国家、实现中华民族伟大复兴的中国梦不懈奋斗。

三、活动地点

学校操场或线上虚拟空间。

四、活动对象

校长室、全体行政人员、高三全体学生和家长、高三全体教师、特邀嘉宾。

五、活动准备

人员分工、现场环境布置（红地毯、椅子、鲜花、气球、板报等）、现场音乐、《宪法》小册子、学生成长视频、家长和老师寄语视频、主持人（两男两女）、摄影人员。

六、活动过程

（一）序曲：《炫彩十八，我来啦！》（学生小时候和现在的照片对比联播）播放

主持1：尊敬的各位领导、来宾、家长，亲爱的老师、同学们，大家下午好！

湖东轩敞地，方洲16载。从园区三中到西安交通大学苏州附属中学，我们已走过16年，在这里我们经历了两年青春。

主持2：如今我们褪去了童年的天真，淡去了少年的轻狂，告别了往昔懵懂的岁月，庄严神圣地迈入了18岁。

主持3：18岁怀揣着枝叶吐绿的欣喜，18岁蕴藉着旭日初升的希望，18岁拥有无限风光的壮美。

主持4：今天让我们一同告别童稚，走向成熟。绽放人生最美丽的笑容，奏响人生最动听的旋律。

主持1：首先请允许我们向大家介绍今天到会的各位嘉宾。

主持2：亲爱的同学们，让我们再次用热烈的掌声，向来参加我们成人仪式的各位领导、各位老师、各位家长表示诚挚的欢迎和衷心的感谢！

主持3：感谢他们对我们高三全体同学的厚爱，感谢他们无微不至的关怀，感谢他们的谆谆教导。欢迎你们到来，一起见证这动人的时刻。

主持4：现在，我宣布"十八而志 责任以行"西安交通大学苏州附属中学2021届18岁成人仪式正式开始！

（二）第一篇章：知礼·回眸

第一环节：升国旗

主持4：全体起立，出旗，升国旗，奏唱国歌，行注目礼！（奏唱国歌）礼毕！请坐下。

> 第二环节：礼仪社表演古代成人礼（图3-50，图3-51）

主持1：礼者，人道之极也。成人礼，古代有之。这种名为冠礼的传统礼仪是否让我们好奇。下面让我们共同欣赏古代冠礼的过程。

图3-50　古代成人礼表演（一）　　图3-51　古代成人礼表演（二）

解说：《左转》云，中国有礼仪之大，故称夏；有章服之美，谓之华。华夏衣冠之美，华夏礼仪之大，在世界文明史上是无与伦比的。

华夏五千年的灿烂历程，诠释着经历风雨日渐深厚的文明，诠释着礼仪之邦的胸襟和气度。今天我们将在这里展示华夏民族传统的成人礼。古代，男子年满20岁，女子年满15岁，家族中的长者将为他们举办盛大的成人仪式，称为"加冠""及笄"之礼。公元2021年4月10日，西安交通大学苏州附属中学中华传统成人礼表演仪式现在开始。

首先有请正宾、有司登场。

解说：知礼而立世，爱国、奋进、向上、负责、仁义、向善、厚德、博学、自信。明确成人的含义，不负美好的青春。正宾此为拜四方：拜天、拜主宾、拜我们每一位现场嘉宾，感谢你们的到来，因为有你，我们一路精彩。

下面有请主宾登场。

解说：主宾就是受礼者——孩子的父母。泱泱华夏文明，从孝道开始。每个人的礼节，点点滴滴来自父母的教诲。

主宾先要拜的是正宾，感谢德高望重的你对孩子的引领扶持。再来感谢全场来宾。

下面有请今天的受礼者登场。

解说：18岁的翅膀，翱翔着无比纯真的梦想；18岁的足迹，延伸出无限美好的希望，走进了承担光荣使命的崭新年华！

唯我中华，华夏之光，诗礼教化，温馨融融；圣人制礼，正俗易风，庠序之义，兴学树人，遵古礼行，仪节典范，诗书义理，实践于兹；吉时令节，遵礼为之，殷殷学子，伏祈佑之。

第三环节：法制副校长宣读成人法律

主持2：古训不可忘，它时时提醒着我们如何为人。一粥一饭，当思来之不易，告诉我们应当勤俭节约；莫贪意外之财，莫饮过量之酒，教导我们君子爱财取之有道；乖僻自是，悔误必多，是让我们谦虚谨慎。这些句子流传千古，也将永远刻在我们的心中。

主持3：那18周岁意味着什么？18岁不是一个简单的数字，而是一个意义非凡的年龄分界线；成人也不是两个简单的文字，而是具有很强的法律意义的两个字。下面有请园区法院给我们宣读成人法律的意义。掌声有请。

检察官宣读成人法律的意义。

(三) 第二篇章：感恩·担当

第四环节：诗朗诵《青春》（图3-52）

主持1：感谢检察官让我们知道了18岁具有完全民事行为能力，可以独立进行民事活动，能够独立承担民事法律责任和刑事法律责任。我们认识到了自己的义务和权利。

主持2：18岁真好，青春正被阳光照亮。18岁的诗歌要赠予高远的天空，让旋律伴雄鹰翱翔。下面欣赏高三学生诗朗诵《青春》。

图3-52　诗朗诵

第五环节：教师代表发言

主持3：有人说，18岁是一道彩虹，升起在生命的碧云晴空中。可彩虹的光焰还需要太阳的温情普照。

主持4：有人说，18岁是一阵气势恢宏的海浪，在滔滔江海中奔腾向前。可海浪还需在广阔的海洋中酝酿，才会一浪更比一浪高。

主持3：这份阳光、这片海洋来源于哪里？是的，源头就是和我们朝夕相处的老师们。

主持4：今天，我们站在成人门前，在这个特殊的日子里，让我们再次聆听老师们的教诲。下面有请教师代表发言。

第六环节：亲子活动（图3-53）

主持1：他，从不提工作的压力和生活的重担，只是默默地扛起整个家。她，再不忙于自己的妆容和打扮，只是慢慢地就瘦了脸颊。

主持2：是他，把一生韶华揉成了牵挂，只为一年一月陪你成长。是她，把三千青丝熬成了白发，只为一年一月陪你长大。

主持3：当我们人生即将翻开新的扉页，当我们生命的航船将驶向新航程的时候，我们最敬爱的爸爸妈妈来到了成人仪式的现场，给我们送来了关怀，送来了期望。

主持4：让我们把积淀在内心深处的情感传递给我们的父母吧，下面展开亲子活动……

图3-53 亲子活动

第七环节：家长"成人徽章"

主持1：都说18岁是朦胧、幼稚与成熟之间的薄膜；都说18岁是一段历程，一段终点与起点之间的交替。

主持2：18岁的年龄，让生活在梦想与现实的边境徘徊；但在我们心中多的是那份对未来的憧憬。

主持1：面对交错的梦想与现实，生活中充满了无限的美妙想象，然而想象的背后是新的责任与新的使命。

主持2：同学们，我们亲爱的父母为我们精心准备了一份成人礼物，有请父母为我们佩戴"成人徽章"。请全体学生向家长行鞠躬感恩礼，让我们再一次像小时候那样拥抱父母，感受父母的温暖与热爱。

父母为孩子佩戴成人徽章。

第八环节：家长代表致辞

主持3：当我们还是孩子的时候，我们会撒娇，会淘气，会叛逆，而这一切都将成为儿时的回忆，回想过去，我们确实有着比钻石更璀璨的年华。

主持4：稍大一些，我们会任性，会沉默，我们会有成长的烦恼，当我们感到迷惑、怀疑的时候，是父母和老师时刻在我们身边，为我们指点迷津。下面我们也来听一听父母对我们的印象。

主持3：今天我们有幸请到高三年级家长代表，在这特殊的时刻，代表所有关心我们的父母讲述他们的心里话。

家长代表讲话，播放家长寄语视频。

（四）第三篇章：笃志·前行

第九环节：校长讲话

主持1：坎坷不平的道路被叮咛的话语铺成坦途。乌云密布的天空因鼓励的微笑而放晴。

主持2：成功来自师长们的不断鞭策。让我们以热烈的掌声欢迎校长致辞。

校长致辞。

第十环节：过成人门

主持1：感谢校长语重心长的肺腑教导，我们定会努力学习，不负期望。

主持2：18岁，用汗水和意志，开辟人生长路。

主持3：18岁，用激情和梦想，创造下一个辉煌。

主持4：18岁，你们无所畏惧，鲜衣怒马，一朝震天响！

主持1：接下来，有请各位家长携学生一同走过这高高的成人门，有请西安交通大学苏州附属中学校长颁发《宪法》（图3-54）文本。让我们一同见证你们的成长，祝贺你们长大，梦想成真。同时也需要铭记：成人后就应勇担责任，奋力前行。

图 3-54　颁发《宪法》

学生有序通过成人门（图 3-55）。

主持 4：同学们，今天我们迈过成人门，心中更多了一份沉甸甸的责任与担当，让我们一起庄严宣誓。

全体同学宣誓。

主持 3：天道酬勤，成人门只是漫漫长途的一个辉煌开端，唯有奋斗能铸就人生的底色！唯有奋斗能为我们铺就康庄大道！

主持 2：鹰击长空，鹏程万里，拾起的羽毛仅供观赏，强硬了翅膀才能翱翔。等到我们跨越了成功路上无数的奋斗门，得胜门必定触手可及！

主持 1、4：成人门、奋斗门、得胜门，是人生的必由之路。同学们，从此刻开始重振信心，让灵魂的种子开出明艳的花，让我们争做中国特色社会主义合格建设者和可靠接班人。西安交通大学苏州附属中学十八岁成人仪式到此结束！

图 3-55　成人门、奋斗门、得胜门

七、活动总结

成人礼古来有之，是中华民族的优秀文化遗产。举行成人仪式，弘扬传统文化，积极推动学生从"未成年人"向"社会人"的良好过渡，使青少年在活动中接受传统文化的熏陶，启发心智，心存感恩，寻找实现梦想的力量和青春正能量，增强公民意识；激发个体承担起家庭、社会以及国家的责任感，促进心理觉醒，形成积极的人生态度，为成为未来优秀公民而不懈努力。

家校合融　成人之美

融 享 自 然
——校园融享环保活动

一、活动背景

《中共中央关于党的百年奋斗重大成就和历史经验的决议》指出："必须坚持绿水青山就是金山银山的理念，坚持山水林田湖草沙一体化保护和系统治理，像保护眼睛一样保护生态环境，像对待生命一样对待生态环境，更加自觉地推进绿色发展、循环发展、低碳发展，坚持走生产发展、生活富裕、生态良好的文明发展道路。"新时代在习近平生态文明思想的指引下，我国生态文明建设取得了高质量的发展。生态环境教育作为生态文化体系构建和生态文明建设的基础部分，在稳步发展并取得一定成效的同时，仍存在着诸如生态文明教育供需关系不平衡，教学内容碎片化，教育运行机制不健全等不足之处。虽然自然与环境认知教育自义务教育阶段就已提及，但从实际操作情况来看，大多浮于浅层，鲜有学校真正深入地推进自然与环境认知教育。事实上，无论从操作的可行性角度，还是现实意义层面，对学生的综合发展与人生观、价值观树立具有重大意义和价值。

二、活动目标

（1）通过相关图鉴查阅，网络资料收集整理，专业教师询问，基本鉴别常见的动、植物、土壤、矿物、岩石种类，云、气象、天象等环境要素，并说出其特征与环境意义。

（2）通过实际校园野外鉴别课程和训练，掌握各个生物和非生物环境要素的认知方法。

（3）用绘画、文字、摄影、标本制作等方式，描摹自然环境要素加以展现，并他人交流，发掘并交流身边环境要素的美学价值，感悟自然与生态之美。

(4) 通过组织社区拒绝野味宣讲活动，让学生了解野生动植物的生态、科研价值。

(5) 通过活动认识生活垃圾的产生、演变和危害，阐述垃圾分类的意义和处理流程，能准确区分可回收垃圾、有害垃圾、厨余垃圾和其他垃圾，并进行实际垃圾分类。

(6) 树立因地制宜，人地和谐的生态观与价值观；培养对生命，对生活，对自然的审美意识与热爱情感；一定程度提升资源环境危机感，产生对自然生态环境的主动保护的强烈动机。

三、活动准备

(1) 教材准备。《江苏植物志》《中国植物志》《中国昆虫生态大图鉴》《中国鸟类图鉴》《中国动物志》《气候与气象学》《矿物与岩石学》《土壤地理学》《地球概论》《国家重点保护野生植物名录》《国家重点保护野生动物名录》《国家保护的有重要生态、科学、社会价值的陆生野生动物名录》《中华人民共和国野生动物保护法（2018修正）》《中华人民共和国野生植物保护条例（2017修正）》《垃圾分类读本（中学版）》以及违法食用、采掘涉保动植物案例等。

(2) 教具准备。放大镜、望远镜、塑封机、塑封膜、塑封袋、园艺剪、画笔、学校专用稿纸、展板、白板、相机、标本制作工具、常见昆虫、鸟类、植物等标本、矿物、岩石标本、垃圾分类垃圾桶、各类垃圾实物或模型等。

四、活动过程

依据环境认知过程以及实践行为的递进顺序，融享自然系列活动可分为三个阶段：感知、体悟、保护。以三个阶段为主要内容，设置"融知自然""融美自然""融护自然"三大系列活动。

（一）融知自然

1．活动导入

教师播放学校宣传视频以及四季景观图片，向学生提出以下问题：

问题1：同学们，你们知道视频与这些图片拍摄自哪里吗？

问题2：非常好。你们知道这些景观分别是在什么时候？校园哪些地点拍摄的呢？

问题3：看起来同学们对于学校的各处景观都非常了解（当全体无人正确解答时，则说："看来同学们对学校的认知还有待提高"），那有没有同学可以告诉我，这些美丽的景观都包含了哪一些具体的自然要素吗？

问题4：同学们的答案几乎（基本）包含了视频和图片中涉及的主要自然要素。如果要对这些自然要素进行归类的话，我们应该如何划分呢？

小组进行合作讨论，理清环境要素，尝试分类。

教师小结：我们可以初步将这些要素分为生命和非生命两大类要素，通过之后的系列活动，我们将会对我们学校的自然环境有更加深入的了解。

2．活动意义与明确

教师在总结以上部分内容后，使用递进的问题让学生思考此次活动的意义与目标，向学生提出以下问题：

问题1：我们为什么要认识这些自然要素？

问题2：我们为什么要去感受自然？

问题3：我们该如何保护我们的资源环境？

在学生零星或集体回答之后，教师对学生的答案进行整理并总结。

教师总结：认识自然环境中的各种要素是感悟自然，保护环境的认知基础与行为条件。只有认识了环境中的每个要素，才能对环境的整体有全面深入的理解与深刻的印象，才能够有针对性地对各环境要素的变化影响产生适宜的响应。环境要素认知就好像一把钥匙，当你知道某一自然事物的准确名称之后，你就可以通过网络、书籍继续深入了解它，用名字这把钥匙打开认知之门，由表及里地认识自然。

在我们感知和体悟自然之后，就要继续发挥主观能动性，对自然生态环境进行保护。虽然作为高中生，力量比较有限，但我们还是可以在日常的生活中，开展一些生态环境保护活动，融享自然，环保有我。

3．融知活动一：西交大苏州附中植物志

教师在教室中展示《江苏植物志》与《中国植物志》的部分内容，提出问题：

问题1：大家想不想也编写一本植物志，把校园中所有植物收录其中，把自己的名字以编者之一，留存在这一本往后都会在校园里传承的典志上呢？

问题2：《植物志》通常涉及哪些内容？我们的校园植物志需要增添哪些内容呢？

问题3：我们该如何鉴别植物并加以描述、记录呢？

教师具体讲解《西交大苏州附中植物志》的撰写规范，并讲授植物鉴别、描述与记录的方法，学生学习并记录要点。教师完成讲解后，发放植物调查表，以小组为单位，分散至校园各个位置调查植物种类与环境、生长状况。调查小组完成调查活动，进行整理汇总，统计植物种类与分布，再让学生采集每种植物的标本，每种各一个。然后再分组进行《植物志》的撰写工作。一部分学生依据标本绘图；另一部分学生查阅资料，完成文字部分的撰写。最后由教师统一排版校对，扫描成册，以供展示。

4. 融知活动二： 土石调查团

教师在教室中展示在校园中采集的土壤与岩石，提出问题：

问题1：大家平时观察过土壤与岩石吗？

问题2：我们为什么要调查校园中的土壤与岩石？

教师简单讲解土壤、矿物与岩石的基本概念、鉴定方法与调查意义。学生以小组为单位在学校广场集合，由教师演示利用pH试纸，确定土壤酸碱性。将实验材料分配给各组，分散至学校各位置鉴定土壤酸碱性，并进行土壤与岩石的采集，再与实验室中的土壤、岩石标本进行比较，以确定土壤、岩石类型。并讨论各种土壤和岩石在校园景观与实际生活中的应用，并以小组为单位汇报研究成果。

5. 融知活动三： 气象观察员

教师从区域天气、校园气象、教室温度、湿度三个空间尺度的气象要素入手，安排所有学生利用天气预报、学校气象站数据、实地的云系天气记录、教室温湿度计数据，分早、中、午、晚四个时段，记录相关内容。累积满一个月后，以小组为单位统计整理记录结果，并且分析在三个尺度下气象要素的异同与联系，云系与具体天气之间的关系，在此基础上，讨论各气象要素对实际校园生活的影响，并以小组为单位汇报研究成果并进行交流。

6. 融知活动四： 动物观察师

教师向学生介绍常见昆虫、鸟类及哺乳动物外形、行为特征及其鉴别方法。利用互联网以及《中国昆虫生态大图鉴》《中国鸟类图鉴》《中国动物志》等图鉴书籍等，通过听音识鸟、观翅识虫、察形识兽等具体鉴别方法，让学生在平时多多在校园里走动，去认识生活中的常见生物，并以小组为单位自选专题，在为期1~2个月的观察记录后，汇报观察成果并进行交流。

（二）融美自然

1. 活动导入

引导语：前期我们已经对校园中的各个具体自然事物有了基础的认知。接下来我们就进入此次活动的第二个环节"融美自然"。教师提出以下问题：

问题1：你们觉得学校的自然环境美吗？为什么？

问题2：你们觉得苏州的自然环境美吗？为什么？

问题3：你们觉得我国的大好河山美吗？为什么？

问题4：这些美美在哪里呢？我们可以通过哪些方式记录表现这些美呢？

对于前3问，学生可能回答"不美"，由此便提出另一些预设支线问题：

支线问题1：不美在何处？为什么会出现不美的现象？

支线问题2：有哪些地方可以变得符合你的美？

支线问题3：我们能为这些美做出怎样的努力？

引导语：大部分同学发现了自然之美，还有一部分觉得自然之美有待进一步发掘，还有同学觉得自然之美美在心里，所以不必表达，我认为大家的观点都很有价值。但我们此次荣享自然的活动，还是希望大家能够把自己对美的感受表达出来，所以给大家安排了以下的一些活动，希望同学们积极参与。

2. 融美活动一：妙笔生花，文字阐美

在完成第一阶段"融知自然"系列调查活动完成的基础上，教师让每位学生交一份描写校园某一处景观或是某一自然环境要素的文章，体裁不限，鼓励以诗歌的形式呈现。让学生在描绘校园风景或者自然事物的同时，抒发自身情感，展现自身对自然环境与人的思考，由此将自己对于自然之美的体悟，通过文字的形式表述出来。最后择优展示，并提供展板与白板，供其他学生与作者进行评价与交流。

3. 融美活动二：丽图成景，画笔绘美

在《植物志》的编写过程当中，已要求一部分学生绘制植物形态。此环节不限于简笔画的形式，可以采用彩色铅笔、油画、水彩笔等多种方式进行绘图。绘图内容也不仅限于植物，可以是植物、动物，也可以是岩石、土壤、云系、天象，更可以是学校的某一处景观。教师让学生选择自己眼

中最美的校园之物、校园之景进行绘图，可自愿进一步进行绘图配字说明，并择优进行展示，提供展板与白板，供其他学生与绘图作者进行美学交流。

4．**融美活动三：巧镜留影，相机取美**

教师依据学生个人和学校的摄影设备条件，以自愿报名的形式，让学生将摄影设备带至学校或借用学校设备，拍摄校园一角，可配文字说明，完成摄影之后，打印进行展示。并预留空白白板，供参观的学生和摄影作者交流。

5．**融美活动四：灵手制品，标本存美**

基于学校可操作的自然环境事物与手工制作素材条件，结合学生兴趣，组织部分学生进行昆虫和植物标本的制作，在制作过程中，教师讲解制作的方法和流程，让学生自己选择感兴趣的校园昆虫或是植物进行简单的标本制作，并在制作时多加思考，尝试以最佳的方式，将这种生物最美的姿态以标本形式永久地保存下来。最后展出标本作品以供其他同学参观学习，制作者可站在作品旁边，与观看者交流标本制作过程的技巧与感受。

6．**教师总结**

在"融美自然"的系列活动中，我们以丰富的形式把对自然之美的感受表现出来。其实，还有很多感受是无法通过语言、绘画、摄影等外显形式表现出来的。希望大家能够根据自己的爱好与特长，将对生活与自然的情感融入其中，化入心田，可以外显表达，也可以内敛珍藏。有时一缕秋冬的暖阳，也能够让你感受到发自内心的舒适与快乐。让我们探索自然之真，感受自然之美，热爱生活、热爱生命、享受生活、享受生命、享受自然。

（三）融护自然

1．**活动导入**

引导语：既然自然给我们带来这么多美的享受，那我们也应当付诸行动，呵护我们的校园生态环境。每个人的行动虽小，但积水成渊，点滴努力，就能促成美丽校园的建设、维持与发展。

2．**融护活动一：流浪猫狗大辩论**

以"是否应该投喂学校流浪猫狗""是否应该统一集中处理流浪猫狗"为两大辩题，以正方、反方自愿报名的形式，开展辩论活动，其余同学作为观众旁听，在完成辩论之后，所有同学基于辩论的过程，收集流浪猫狗对城市生态和人类社会的利弊影响资料，撰写议论文，提出自己的观点和治理校园流浪猫狗的合理对策，经教师调整后，上交给学校保卫处和苏州市公安局犬只留验所等。

最后，教师提供对待流浪猫狗的科学指导：可以不爱，但不要伤害；可以爱，但不要宠爱。可观赏，不投喂；可观察，不触碰；可领养，不抛弃；科学绝育，控制数量。上述内容才是对待流浪猫狗，保护城市生态的最好方法。

3．融护活动二：杜绝野味大宣传

教师展示《国家重点保护野生植物名录》《国家重点保护野生动物名录》《国家保护的有重要生态、科学、社会价值的陆生野生动物名录》《中华人民共和国野生动物保护法（2018修正）》《中华人民共和国野生植物保护条例（2017修正）》等法规条例，向学生讲解野生动物常见寄生虫、细菌和病毒资料以及违法食用、猎采涉保动植物案例等。学生在全面学习相关知识之后，在条件允许的情况下，走出学校，走进社区，走向社会，进行野生动物保护和拒食野味的宣传，通过分发传单，设置科普角、保护动物知识有奖问答等方式，向公众科普，向社会宣传违法食用野生动物的危害，以及保护动、植物的重要价值和意义。

4．融护活动三：垃圾分类大挑战

教师让学生依据《垃圾分类读本（中学版）》，识记4大的垃圾类型（可回收物、有害垃圾、厨余垃圾、其他垃圾），并将各种常见的垃圾进行归类划分。完成基础知识学习之后，学生以小组为单位，抢答与必答相结合的形式进行垃圾分类大挑战。

挑战1：教师展示某一具体垃圾，学生举手抢答，答对得1分，答错不扣分，计入小组成绩。

挑战2：教师规定每一小组负责一类垃圾，限定时间在90秒内，说出这一类有哪一些具体的垃圾属于其中，说对一种记1分，说错倒扣1分，最后统计各小组的分数。

综合统计两个环节的分数。择优进行奖励，奖品为大中小三个尺寸的分类垃圾桶，分别颁发累积分数第一、第二、第三名的小组。

以此次活动为起点，教师继续深化学生对《垃圾分类读本（中学版）》的学习，让学生阐释垃圾分类的目标、意义和流程，并基于《苏州市生活垃圾分类管理条例》，引导学生日常严格按照标准进行垃圾分类。若条件允许，可带学生参观苏州市环境卫生管理处（苏州市垃圾分类管理中心）强化垃圾分类的认知。

五、活动总结

"绿水青山就是金山银山","山水林田湖草沙是一个生命共同体",生态文明建设,我们一直在路上。环保教育和生态教育不能只停留在书本之上,更不能只是喊口号而不付诸行动,应该让孩子真正走进大自然,去感受自然,体悟生态,将自然生态之美内化为个人的追求,使保护环境,重视生态成为日常的习惯。为生态文明发展奉献自己的力量。

家校合融 成人之美

行走中的文化理解

——社会实践之丝路研学

一、活动背景

在研学课程中增进学生的文化理解有利于更好地落实《中国学生发展核心素养》中提出的"人文底蕴、科学精神、学会学习、健康生活、责任担当和实践创新"六大核心素养,有利于实施爱国主义教育和增强学生的文化自信。

西安交通大学苏州附属中学的研学课程是以行走的方式展开的。学校有丝路研学、"砥砺黔行"、海外研学等内容形式丰富且成熟的研学实践团,让学生在知行合一的学习体验中,培养社会责任感、创新精神和实践能力,提升学生的文化理解能力。目的地文化的独特性、稀缺性和不可替代性等特点要求学生通过情境学习增进对不同地域文化的理解。

二、活动目标

(1)加深对目的地文化的理解:西交大苏州附中丝路研学项目以甘肃为目的地。甘肃作为闻名于世的丝绸之路黄金路段和枢纽地带,自古就是东西方贸易和文明交流的要地,谱写了人类历史上中西文明、古今文化、民族风情、宗教艺术相互融合的"交响曲"。利用假期,西安交通大学苏州附属中学的学生去往河西走廊,开启一段寓教于乐的丝路研学游,去接受丝路文化熏陶,体验精妙文化艺术,从心灵深处感悟丝路文化。

(2)加深对自身属地文化的理解:在丝路研学课程中,当学生对甘肃文化进行深入探索和理解时,就会开始回想、对比苏州文化。如看到甘肃的建筑文化、餐饮文化、服饰文化等,就会联想起苏州的类似物件。对研学目的地文化的感触,激发了对学生自身江南文化的审视。

(3)对文化的差异性理解:"文明因交流而多彩,文明因互鉴而丰富。"研学课程的目的也在于增进对研学旅行目的地和自身属地等文化的交互理解。

因此，在丝路研学课程中，教师通过调查、案例、比较等方式有意识地增进学生对这种文化差异性的理解，促进不同地域文化的文明互鉴，从而激发学生的创新思维。

三、活动准备及过程

1．活动准备、行程安排

（1）5月研学方案最终确定。
（2）7月丝路报名工作结束。
（3）7月11日丝路准备会召开。
（4）7月17日行前会议召开。
（5）行程安排：7月19日—7月28日丝路考察。

　　　　　　　7月19—21日苏州—西安。
　　　　　　　7月22—23日西安—酒泉。
　　　　　　　7月24日—25日酒泉—敦煌。
　　　　　　　7月26日—28日敦煌—新疆伊宁。
　　　　　　　7月28日返回。

2．前期准备

（1）学生必须分组：考察分5组；吃饭分3组，男女混坐；汽车上分5组就座，容易点人数；火车上，各车厢必须有带队老师负责。
（2）建群：家长建微信群，有事就在家长群里交流沟通；学生建立由家长、学生、老师共同参与的QQ群，主要是上传心得、随行日记、文章及其点评。
（3）统一文化衫：在人多的景点，统一的文化衫方便大家点名和沟通。

3．活动要求

（1）建立联系：每天与学校联系，及时将活动情况向校长汇报；建立与旅行社的联系，及时就一些预料不到的情况进行沟通，以及时解决；建立与家长的联系，在旅途中，家长的合理要求，要尽量满足。
（2）带队老师及时组织学生完成研学任务，每天进行整理汇报。
（3）晚上住酒店，一律不许外出，定时查房。如有特殊情况，及时报告带队老师。
（4）及时总结当天的得失，提醒学生，注意人身、交通、食品安全。

(5)每天研学内容及时进行报道。

(6)活动结束后每个学生提交研学感悟(文字、图片、感受),每个小组提交研学报告。

4. 表彰奖励

(1)活动结束后评选出优秀学员奖若干名、优秀研学报告、"优秀创意奖""最佳摄影奖""最佳影片奖"等成果奖项。

(2)甄选出的优秀成果(图3-56、图3-57)将在学校公众号上发布。

(3)开学后的国旗下讲话汇报研学成果。

图3-56 活动照片(一)

图 3-57 活动照片（二）

四、活动体会

（一）带队老师分享体会：教学相长

教师 1：创造环境，促其发展。不要老是责怪年轻一代自私、任性、自理能力差，我们应该创造环境让他们去磨炼。不让下田，小牛永远不会耕地。一路上，我们的压力不是来自学生，而是来自家长。家长们远在千里，他们担心是很正常的，但有些家长的担心让人哭笑不得。有的学生生了病，家长就急得中途要让孩子回家；有的学生在照片上没有笑容，家长就在胡思乱想是不是自己的孩子不开心；有的家长觉得床位不好，就希望老师给学生换床位……我想这样的家长是教育不出意志坚强的孩子的。有位学生每次赶路总是掉队,我很多次想帮她拿行李箱,但都忍住了,后来她学会了快速拿行李箱赶路;有位女生因饭后需要刷牙而耽误时间,后来她学会了提前三分钟做好准备,以免别人等她。

教师2:因材施教,扬长避短。我们发现每个孩子都有自己的优点,有的学生喜欢谈历史,喜欢倾听,喜欢用英语写作,文笔很好,善于观察,情商很高,很能隐忍。每个孩子都是独一无二的,我们不应该拿他们进行相互比较,而应该根据每个孩子的特点去教育他们,让他们将自己的优点充分呈现出来,不断克服自身不足之处,这才是教育所追求的。

教师3:更重要的是沿途的风景和心情。行程匆忙,来去匆匆,有些枯燥乏味,但孩子们都表现出很大的耐心,更是用相机和手中的笔将荒凉的沙漠描绘得栩栩如生;孩子们总是让人惊奇,他们永远充满着活力。我想他们不在乎是什么景点和环境,而在乎和谁一起旅行,以及行走时的心情。

教师4:学生的组织纪律性很强。曾经担心孩子们的纪律问题,现在看来是多余的。24位学生,那么多次点名,只有3个人掉过队,其余的都是准时准点,没有误时,真不容易。

(二) 参加学生分享感悟

学生1:出发的那天印象很深刻。1 300千米,高铁一路向西,逐渐远离了熟悉的江南,远方连绵起伏的山峦后隐着密集的厚云。我们会在火车上度过6个多小时,在这段时间里我们的任务是向老师和同学汇报每一小组提前研究的"丝路"历史、文化成果。

看看我们的作业,有文字材料、手绘地图、PPT,还有同学编排的一场小小的穿越剧。

在翘首以盼之中,我们于下午到达了十三朝古都——西安。作为西交大苏州附中的学子,西安交通大学是我们必去"打卡"的地方。此次西交大之行由一位志愿者学姐负责接待我们,她带领我们参观了西交大的西迁博物馆,她耐心细致地讲解,使我们了解了西交大的西迁历史,以及在西迁过程中的感人故事。西交大的发展历史就是一个书写"精勤求学、敦笃励志、果毅力行、忠恕任事"的过程,这种精神到今天依然勉励着每一位西交大学子、每一位西交大苏州附中的学子。在短短两天的西安之行中,我们似乎穿越了几千年,透过一件件文物,窥得古人生活的一斑。西安,这座美丽而文化底蕴深厚的城市,我们还会再见!

学生2:寻访丹霞地貌。骄阳似火,游人如织。我们沿着斜坡登上了第一观景台，随后拾级而上，到达了丹霞地貌公园的最高点。于此环顾，四周山峰的景象一览无余。可以想见，数千年前的人们面对着大自然的鬼斧神工，也一定会啧啧称奇。探索未知是一件很有趣的事情。愿人类敬畏自然并爱护她，让这美丽的风景再流传千古。

印象深刻的是，我们走过了一条玻璃栈道和一座陡峭的铁索桥，大家都很勇敢。站在上面眺望，远处是连绵的祁连山脉，简直和地理书里写的一模一样。低下头，映入眼帘的是涓涓流水，美不胜收。

学生3：俗话说，不到长城非好汉。研学的第二站，我们来到了悬壁长城。为了加强嘉峪关城的防御，肃州兵备道李涵修筑嘉峪关南、北两翼长城，在黑山石关峡两侧山脊上就地取材，夯筑了片石夹土长城。站在长城脚下抬头看，一道石路直上45°的山脊，形似凌空倒挂，无比陡峭。老师说，大家都坚持了下来。以后无论是在生活还是在学习上，只要保持这种可贵的品质，就一定能到达成功的彼岸。平时老师也经常说一些鼓励我们的话，此情此景，老师的这句平时听了无数遍的话让我真正感受到力量。这两天的游览让我感觉到祖国大西北的特点，风景优美，历史厚重。每去一个地方都是对体力的考验，虽然疲惫却无比充实。

学生4：在嘉峪关的那一天是尤其令人回味的一天。那天我们在城墙上进行了一次现场表演。同学们通过情景剧、朗诵、歌唱、Rap等多种方式展现各个小组对丝路文化不同角度的理解。有的形象生动地表演了张骞出使西域的过程，有的展现了张骞通丝路给沿路经济带来的积极影响……这个活动人人参与，大家把这几天对"丝路"研学的理解用自己的方式演绎出来，仅仅一个晚上，各小组就准备出了一个独一无二的节目，真是有才，给我们点"10086"个赞。

学生5：好想再去一次鸣沙山。远远望上去，沙子在阳光的照耀下，泛着一片金灿灿的光。给人神秘的感觉，走到骑骆驼的地方，沙子上卧着大批的骆驼，蔚为壮观，骆驼睁着一双双大眼睛，疑惑地看着眼前的人群。骑上骆驼，有些紧张，放松后，身体随着骆驼肌肉的拉伸有序地律动，我们似乎也慢慢找到了沙漠商队的感觉。远处是漫漫黄沙，耳边是悠悠驼铃。遥想古代丝绸之路上的一个个商队，当他们骑着骆驼满载着货物，在沙漠上行走时，心里想的是什么？也许有对前路的畅想，对家人的思念，对旅途的忐忑……

学生6：还记得敦煌莫高窟吗？石窟中所画的大多为佛教题材的作品，所以初期的壁画自然就少不了大量的外来元素。随着朝代的更迭，外来元素越来越少,取而代之的是充满中国特色的作品。所以这同时也是中外文化交融的真实写照。

学生7:在敦煌徒步的那天是我们旅程中最热的一天,天空一碧如洗,万里无云。清晨,我们到达玄奘"西行之路"的起点,徒步五千米。踩着脚下坚硬的石子,望着远处茫茫无边的戈壁,玄奘大师的西行之路想必也是与汗水相伴的。

学生8:你一定听说过"劝君更尽一杯酒,西出阳关无故人"这句诗吧。阳关立于西北边疆,到了今天,阳关遗址仅保存了一座烽燧,远看是一座"小土堆",其余部分都已经被黄沙掩埋。你也一定听说过"春风不度玉门关"吧,汉代玉门关因张骞出使西域而闻名,与阳关相同,它也是一个重要的关口。玉门关遗址是一座四方形小城堡,在相邻的两面各开有一扇门。

学生9:这次研学印象最深刻的是坐绿皮火车吧。我们中的大多数从未坐过绿皮火车,这是属于我们父母辈的记忆,当年他们就是坐着这样的火车外出求学,能买到一张卧铺票已经属于幸运,有很多人要在火车上坐几十个小时才能到达目的地。如今,祖国的动车、高铁技术处于世界领先地位,外出旅行也越来越方便快捷。绿皮火车卧铺的体验,对我们来说难忘而新奇。

五、活动总结

研学实际上是一种特殊的综合实践课,在这一过程中,德育的作用充分体现。学校的研学活动充分体现了学生的自主性和自觉性,尊重了学生的个性差异,促进了每个学生的个性发展,从而使学生获得在认知与实践能力上的"双丰收"。

鲜衣怒马少年时，不负韶华行且知

——学生活动之理想信念教育

一、活动背景

社情背景：2018年9月，习近平总书记在全国教育大会上发表重要讲话，他强调，要在坚定理想信念上下功夫，教育引导学生树立共产主义远大理想和中国特色社会主义共同理想，增强学生中国特色社会主义道路自信、理论自信、制度自信、文化自信。追求远大理想，坚定崇高信念，这是高中生健康成长，开创未来的精神支柱和前进的动力。

学情背景：高中一年级学生处于人生观、世界观、价值观养成的关键期，随着"互联网+"时代的到来，学生学习不再局限于课堂，碎片化的自主学习行为越来越频繁，学习模式越来越多元，各种思想意识影响着青少年。他们中不乏一些目标意识淡薄，意志不坚定的学生，因此，在学生中开展坚定理想信念的主题活动是重要且必要的。

二、活动目标

（1）认知目标：通过故事分享、访谈，充分认识理想信念的重要性。

（2）情感目标：借助辩论赛、"拼盘行动"、榜样分享激发奋斗的热情和斗志。

（3）行为目标：凭借"超人演说家""立志家书""齐诵大会"，将斗志化为行动。

三、活动准备

1．学生准备

（1）排练情景剧《桂梅故事》。

（2）为辩论赛"梦马奇葩说"搜集素材。

(3)"超人演说家"设计思路。
(4)立志家书草拟框架。

2. 教师准备
(1)"唤醒创造营"的卡片制作、"素质大拼盘"的选项卡制作。
(2)邀请优秀学生准备经验分享。
(3)联系附近社区,做好沟通工作。

四、活动过程

(一)序章:不负韶华——明坚定之"理"

1. 奋斗小剧场:情景剧《桂梅故事》

情景剧表演:许多年前,张桂梅因一次次目睹大山里的贫困女生辍学的悲剧,萌生了创办一所免费女子高中的想法。为了实现这个梦想,张桂梅跑遍了各个部门和不少企业,曾因不被理解而遭受嘲笑、挖苦。可功夫不负有心人,2008年,全国第一所公办免费女子高中建成开学,12年间,这所学校让1 804名女孩考入大学,走出大山。张桂梅治学以严厉著称,甚至在许多人看来是"严苛"。她每天早上5点多起床,拿着小喇叭,一遍遍地喊孩子们起床,督促孩子们要珍惜光阴,努力学习,就像一位严厉的母亲苦口婆心劝自己的孩子一样。张桂梅说,我们这里没有大城市那样优越的办学条件,只有靠苦读,拼了命地读,才有可能改变自己的命运。

教师提问:看了共和国勋章获得者张桂梅老师的故事,同学们有什么感触呢?你们学到了什么道理?

学生发言后教师小结:这个情景剧告诉我们,应始终心怀理想,任凭前进的道路再曲折,也应始终坚定地相信自己,素履以往。

2. "唤醒创造营":卡片回忆录《我的梦想,还在吗?》

学生填写卡片(图3-58),卡片格式与内容如下:

我的梦想,还在吗?

姓名:　　　　　时间:

时间	目标及克服阻碍的行动	完成情况	见证人
10岁			
14岁			
18岁			
……			

图3-58 "唤醒创造营"卡片

教师小结：有的学生在 10 岁时立志成为伟大的科学家、天文学家，但发现年龄越大，理想越模糊，实现理想的机会也越来越小。那是由于现实原因和个人原因，奋斗的目标变得越来越迷茫。因此，明确理想、坚定信念是实现个人成长和国家强盛的当务之急。

（二）间奏：不负韶华——解坚定之"厘"

1. "梦马奇葩说" ——辩论赛：理想之花 VS. 踏实之路

辩论赛：有人说理想是高不可攀、虚无缥缈的存在，我们应该做的就是做好眼前的工作，活在当下，不要考虑理想，只要把握好每一天就行。这个时代，重要的是忠于理想还是面对现实呢？就此观点，请同学们分正反两方进行辩论。

教师小结：虽然理想的宏大让他看起来高不可攀，所谓"高处不胜寒"，但作为人生规划的长期目标，它是一个人发展的方向，正如航海时灯塔的重要性一样，但这并不是否定了脚踏实地的重要性。人们应该在长期目标的基础上，设立中期目标、短期目标，甚至具体到每日的计划，落实到踏实的态度，方能行将致远。

2. "素养大拼盘" ——SWOT 拼盘分析：我的优势与劣势。

以小组为单位，头脑风暴决定一个人成功与否的关键因素是什么。

SWOT 分析法：了解你本身的内在优势（S）；了解你本身的内在劣势（W）；了解你目前有哪些机会（O）；了解你的选择会面临哪些威胁（T）。

选择一位成员记录，个人根据情况给自己打分。根据得分情况，绘制个人"素养大拼盘"（图 3-59）。

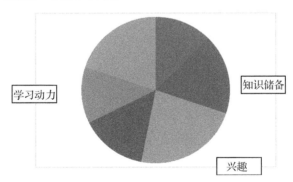

图 3-59 个人素养拼盘示例

3. "前人现身说法" ——榜样的力量，行动示范

邀请往届学长学姐优秀代表进班分享经验：

第一类：名校经验分享。

第二类：非名校但在自己研究领域有突出贡献的经验分享。

学生畅谈感想。

教师小结：名校录取非人生成功的唯一衡量标准，我们应当充分挖掘非智力因素，如：动机、意志力等因素对我们发展的影响。

（三）高潮——不负韶华，树坚定之"立"

1．"超人演说家" ——迷你演讲会，我的梦想初萌芽

小组派送一名代表进行演讲，题目自拟，形式不限。所有同学参与评比打分，评选"超级演说家"。评选出的"超级演说家"进行获奖感言的分享。

2．"立志家书" ——撰写一封家书：给父母的一封信

每位学生在特制的书信上，基于课前草拟的框架和课堂感受，撰写一封家书。现场网络连线，选派3～4名学生将书信选段朗读给父母听。邀请父母进行点评，分享自己听完孩子人生目标、励志话语之后的感想，并谈一谈如何从自身的行动出发，参与到孩子的成长旅程中来。

3．"齐诵大会" ——齐诵：激情燃烧的青春

播放建党百年朗诵节目，激发学生的斗志。

齐诵小诗——激情燃烧的青春，激发学生将梦想转化为行动的决心。

（四）续章——不负韶华，弘坚定之"力"

选取学生中的优秀事迹，如奋斗后成绩提升，奋斗后实现阶段性目标等。走进社区，进行分享，让更多人看到当代少年的魅力，感受当代青年之崛起。

五、活动总结

本次活动方案共有四大板块：序章、间奏、高潮、续章，分别从学生认知启迪，到学生情感感化，再到实践行动，层层深入，环环相扣，有梯度、有深度、有厚度地帮助学生认识到坚定理想信念的重要意义。理想信念对人生历程起着导向作用，是人的思想和行为的定向器。理想信念教育重点落在教育上，让学生意识到，要使生命富有意义，就必须在有意义的奋斗目标指引下，沿着正确的人生道路前进，人生真正的价值在于对社会的贡献。